Emma Loveridge e Curly Moloney

# IL CODICE CAMBRIDGE

*Il rivoluzionario test per scoprire chi sei*

Traduzione di Marina Mercuriali

Rizzoli

Pubblicato per

Rizzoli

da Mondadori Libri S.p.A.
Titolo originale: *The Cambridge Code*


ISBN: 978-88-17-14980-8

Prima edizione: maggio 2021

# Il Codice Cambridge

Sommario

# *Prima parte* | Il mondo nella nostra mente

«La cosa che impariamo per prima
è quella che resta con noi più a lungo,
ed è la più difficile da disimparare.» (Anonimo)

Una bambina ascolta intenta il padre mentre cerca di spiegarle che un iceberg è come una montagna «di cui si vede solo la punta. Il resto è nascosto sotto, nell'oscurità del mare». «Un'oscurità misteriosa» le dice «piena di strane luci, dove l'acqua scolpisce forme sorprendenti nel ghiaccio e i pesci vivono in grotte nascoste e sbattono la coda al passaggio delle balene bianche. Se tu fossi il capitano di una nave» continua «dovresti sondare i mondi sommersi, altrimenti non sapresti come governare la nave ed evitare i pericoli invisibili.» Le fa il disegnino di un iceberg, tagliato da una linea che segna la superficie del mare, con un veliero schiantato sulla punta e il capitano perplesso a testa in giù. Perplessa a sua volta, lei ribatte: «Io la montagna sotto l'acqua la vedo, come mai il capitano no?». «Eh già» fa lui, «è molto più facile guardare sotto il mare vorticante degli altri, che sotto il proprio.» La bambina viene presa da una paura terribile che casa sua stia per sprofondare nell'acqua. Ecco quant'è letterale il mondo immaginario di un bambino.

Anni più tardi, ormai adulta, ripensa a questa storia e d'un tratto è di nuovo quella bambina, che vede la sua famiglia portata via dai flutti scuri brulicanti di beluga; cerca di pensare a un modo per salvare gli altri che sono ancora in casa e il cuore le batte sempre più forte. Di colpo si rende conto che sta trattenendo il respiro, anche se è lontana mille miglia dalle acque artiche.

Come metafora del subconscio, l'immagine dell'iceberg è praticamente imbattibile. Ognuno di noi ha dentro un mondo che a volte opera in maniera indipendente rispetto alla situazione contingente, e altre in cui lo fa in accordo con la realtà che stiamo vivendo e con ciò che ci circonda. Ciò che siamo oggi è frutto delle nostre esperienze infantili. Tutti noi "scivoliamo" dentro e fuori questi mondi inconsci: a che età ci riporta la mente un certo giorno o in un determinato momento dipende da un numero infinito di fattori passati e presenti. Spesso sprofondiamo in un'esperienza della prima infanzia per poi riemergere – con un certo sollievo – e tornare nello stato mentale adulto.

Magari, mentre leggevi queste righe, anche la tua mente ti ha portato da qualche parte, lontano dal presente. Forse un certo vissuto si è insinuato dentro di te, la sensazione di qualcosa che viene dal passato, con il suo carico d'amore o di paura. Qualunque sia la tua esperienza, il viaggio che abbiamo preparato in questo libro è fatto apposta per te. Lo compiremo assieme e, lungo la strada, valuteremo come si sono formate le fondamenta e l'impalcatura della tua mente. Imparerai che hai voce in capitolo anche sulla sua parte invisibile, non solo su quella visibile; in questo modo, acquisirai più controllo su tanti aspetti diversi e spesso impegnativi della tua vita.

# 1. Cosa fa il Codice Cambridge: *mappare il DNA della mente*

Il Codice Cambridge è stato sviluppato per scoprire il potenziale subconscio che i tradizionali strumenti di misurazione psicologica non riescono a evidenziare.

Come un test del DNA per la mente, il Codice Cambridge ci permette di penetrare con lo sguardo sotto la superficie e di scorgere le nostre caratteristiche fondamentali, aiutandoci così a comprendere meglio non solo il nostro comportamento o i nostri pensieri ma anche i profondi percorsi subconsci che ci rendono ciò che siamo. La conoscenza o anche solo la consapevolezza di queste caratteristiche ci dà il potere di prendere decisioni con cognizione di causa e di scegliere ciò che davvero ci conviene nella vita. Ci permette inoltre di capire perché tendiamo a comportarci in un determinato modo. Comprendere la nostra mente subconscia può aiutarci a sbloccare il nostro potenziale nella vita e nel lavoro.

Capita spessissimo che le nostre prime esperienze e impressioni ispirino gli interessi sui quali modelleremo tutta la vita. Nel caso di Emma Loveridge, che ha poi fondato un ambulatorio e ne è diventata la direttrice clinica, la storia dell'iceberg raccontata dal padre è stata la prima scintilla che ha acceso in lei il desiderio di saperne di più sul mondo interiore. Nel caso di Curly Moloney, sua coautrice e fonte di ispirazione dell'intero progetto, a spingerla sono stati lo studio della medicina e del comportamento umano. Entrambe, però, sono giunte alla stessa conclusione: e se fosse possibile scoperchiare la mente e non solo riuscire a guardarci dentro, ma persino capirne i meccanismi?

Il cervello, in quanto organo, è relativamente facile da osservare – dopotutto esistono i neurochirurghi –, ma la mente è molto più complessa e i chirurghi della mente non esistono. Il potere della mente – il potere di immaginare, imparare, creare, sognare, pensare e scegliere – è, se riusciamo a far lavorare il subconscio a nostro vantaggio, il superpotere degli esseri umani. Incide su ogni singolo aspetto della nostra vita: sulle relazioni, sulla carriera professionale, sulla felicità in senso lato. Può operare a nostro favore, ma spesso può anche farci lo sgambetto e certe volte consciamente non capiamo nemmeno perché. Il Codice Cambridge è, in poche parole, un modo di immaginare il subconscio e di farlo agire a nostro vantaggio.

Se tu stessi facendo un check-up completo, ti rivolgeresti anche a un cardiologo. Ti prescriverebbe gli esami del sangue, un ECG (elettrocardiogramma) per controllare il ritmo cardiaco e un ecocardiogramma per la conformazione del cuore. Raccoglierebbe tutte le informazioni possibili per poterti restituire un quadro completo della tua situazione e per elaborare una serie di misure o di consigli per migliorarla. Magari ti suggerirebbe di cambiare dieta, per esempio, o di fare più esercizio fisico, oppure ti aggiusterebbe il piano farmacologico.

Adesso prova a immaginare che, all'interno del check-up che stai facendo, tu decida di controllare anche come se la sta passando il tuo subconscio. Come abbiamo visto, non puoi semplicemente fare esami o analisi, perché non esistono. Un modo per carpire qualche informazione è chiedere aiuto a uno psicoterapeuta. Grazie alla sua esperienza, puoi addentrarti al di sotto del pensiero conscio e scavare nelle profondità di ciò che conscio non è. Laggiù risiedono gli istinti e i fattori determinanti che danno forma ai tuoi pensieri, ai tuoi desideri e alle tue decisioni. Magari sono radicati bene a fondo – alcuni saranno positivi, altri ancora più difficili da accettare –, tuttavia sono ciò che ci rende chi siamo e scoprirli può essere molto illuminante.

Si stima che sei-otto ore di lavoro assieme a uno specialista permettano di farsi un'idea soddisfacente della propria mente. Per molti, però, risulta difficile trovare il tempo e le risorse economiche per occuparsene. Anche se non equivale a un incontro faccia a faccia, il Codice Cambridge si propone di offrire a un ampio bacino di persone la possibilità di un'analisi di questo genere, che si può svolgere in soli trenta minuti, nella privacy di casa propria o dell'ufficio.

Funziona così: devi rispondere a circa quaranta domande che sono state elaborate da un team di specialisti basandosi su modelli psicoterapeutici standard largamente riconosciuti. La premessa su cui poggiano è il concetto che i primi diciotto anni della nostra vita sono formativi e modellano il modo in cui pensiamo e agiamo da adulti. Il Codice sprona il nostro subconscio a prendere in esame vari scenari diversi tra loro e poi analizza come ci comporteremmo e cosa proveremmo in quelle circostanze. Le domande potranno sembrarti esaltanti, interessanti, invadenti o impegnative: non è molto diverso da ciò che proveresti lavorando con un terapeuta.

Le risposte passano attraverso due serie di algoritmi computerizzati complessi, sviluppati negli anni da scienziati e psicoterapeuti. Alla fine, ricevi un profilo del tuo subconscio. È come inserire un codice cifrato in una macchina Enigma dei nostri giorni e vederselo restituire decifrato. Solo che in questo caso il codice è quello della tua mente: il suo DNA.

I risultati che ti vengono presentati sono costituiti dall'analisi di dodici aree fondamentali della mente, che abbiamo rappresentato visivamente come settori separati del cervello. Interpretare i risultati è un po' come leggere il tracciato di un elettrocardiogramma o le analisi del sangue: per capire esattamente che cosa c'è scritto, devi farti aiutare da uno specialista. Il test online genera un breve rapporto che puoi usare assieme a questo libro per interpretare correttamente il tuo profilo specifico. È fatto per non addetti ai lavori, quindi ti guiderà in modo molto accessibile e rapido verso una comprensione profonda di te.

Capire i risultati del Codice Cambridge ti permette, appunto, di accrescere la comprensione di te, di mettere a fuoco le tue preferenze, i pericoli che corri e le tue caratteristiche. Capirai che cosa fa per te e che cosa no nel lavoro e nella vita; perché hai la tendenza ad agire, reagire, pensare e comportarti in un determinato modo in certe specifiche circostanze. È come vedere scritto per esteso ogni tuo istinto. Alcune persone leggono il proprio risultato ed è come se avessero di fronte una versione di se stesse che conoscono da sempre. Altre invece si ritrovano davanti scenari decisamente inattesi e ci vuole parecchio perché li riconoscano come veritieri.

Benché nessuno di noi possa controllare le esperienze dell'infanzia, tutti possiamo controllare la nostra reazione a quelle esperienze. Possiamo cominciare a capire perché reagiamo in un determinato modo in certe situazioni e perché prendiamo certe decisioni. Questo libro non ti dice come risolvere i tuoi problemi; si pone l'obiettivo di portare alla tua attenzione cosciente le inclinazioni e le risposte subconsce, cosicché tu possa decidere in autonomia come comportarti. Se conosciamo noi stessi, possiamo scegliere. Ecco a cosa mira questo libro. Una volta che ne sappiamo di più sul nostro conto, possiamo condurre una vita più consapevole, esercitando maggiore controllo, facendo scelte più sagge, prendendo precauzioni nelle situazioni in cui siamo più vulnerabili, e perciò, si spera, sbagliando un po' meno. Possiamo lavorare sulle false concezioni che ci limitano. Possiamo sbloccare il potenziale delle relazioni che intratteniamo, del nostro posto di lavoro e dell'ambiente familiare in cui viviamo, per migliorare il nostro benessere generale.

# 2. Accedere al tuo profilo del Codice Cambridge

Comprando questo libro hai fatto il primo passo verso la scoperta del tuo potenziale inconscio. Ci auguriamo che ti piaccia fare il test, che i risultati siano rivelatori e che accettarli sia l'inizio di un cammino durante il quale capirai in maniera più profonda il modo in cui funziona la tua mente.

Il libro dà inoltre accesso gratuito immediato al questionario online del Codice Cambridge. Decidere di farlo subito o più avanti sta a te. Magari sei impaziente di compilarlo per scoprire subito il tuo profilo: vuoi evitare di ricevere ulteriori informazioni sul test, così da poter rispondere senza condizionamenti; e così, quando poi andrai avanti a leggere, potrai concentrarti sulle parti più rilevanti per te. Oppure vuoi leggere prima tutto il libro e farti un'idea completa di cosa sta dietro i diversi settori in modo che, quando riceverai il tuo risultato, ti sentirai preparato e ben equipaggiato. Non esiste un modo giusto e uno sbagliato di affrontare il Codice Cambridge; a scegliere sei tu.

Quando sarai pronto per il questionario, usa il link https://www.thecambridgecode.com/redeem per accedere al sito del Codice Cambridge. Gratta la banda sull'etichetta all'interno del libro, sul retro della copertina, e troverai il tuo codice unico di accesso al test; quindi inseriscilo nella casella sullo schermo e segui le istruzioni per creare un account e completare l'accesso all'applicazione. Quando avrai finito il test otterrai automaticamente i risultati. Clicca sul pulsante per accedere alla schermata, oppure, se lo desideri, scarica il PDF. Se hai problemi a entrare nell'applicazione o ad accedere ai tuoi risultati, contattaci tramite la sezione Contatti del sito.

# 3. Il Codice Cambridge in pratica

Ma, quindi, come funziona esattamente il Codice Cambridge? Sappiamo che il nostro comportamento cambia a seconda delle situazioni in cui ci troviamo. Per qualcuno, dipende dal momento della giornata: pensiamo, per esempio, a chi non è per niente mattiniero. A ogni modo, la verità è che ci sono alcuni aspetti fondamentali della nostra personalità che sono profondamente radicati in noi e stanno all'origine del nostro asse di sviluppo e del nostro potenziale di crescita. Sono caratteristiche insite a fondo nei meccanismi della nostra mente, ben al di sotto del pensiero conscio e del comportamento. Questi aspetti subconsci influenzano tutto ciò che facciamo, il modo in cui affrontiamo ogni evento e ogni interazione della nostra vita, il modo in cui reagiamo. Sono parti essenziali di noi presenti dall'istante in cui ci svegliamo al mattino fino al momento in cui andiamo a dormire la sera. Sono il nostro nucleo.

Secondo gli psicologi, quando capiamo da cosa è caratterizzato il nostro nucleo siamo in grado di riconoscere ciò che fa veramente per noi e quindi di dare il meglio di noi stessi. Nel momento in cui ci troviamo in una situazione che invece non fa per noi, come per esempio una relazione o un lavoro che non sono in linea con il nostro nucleo, è più probabile che non ci sentiamo "completi".

Il nostro benessere dipende moltissimo dall'allineamento della nostra vita interiore con quella esteriore.

Il Codice Cambridge va dritto al centro del subconscio. Come si è visto, è frutto del lavoro di Emma Loveridge e Curly Moloney, entrambe laureate all'Università di Cambridge, le quali hanno deciso di creare uno strumento che permettesse di accedere alle profondità nascoste del subconscio. I contributi che hanno portato al progetto poggiano su basi molto diverse. Emma era spinta dal desiderio di ampliare e approfondire la comprensione dell'impatto che l'inconscio ha sulla salute mentale. Curly, con il suo passato nel business aziendale, puntava a creare uno strumento per effettuare in modo più veloce le valutazioni psicometriche. Ci hanno messo molti anni per studiare e sviluppare il Codice, che si basa su principi psicologici e neuroscientifici accreditati. Con l'aiuto di una squadra di psicologi di Cambridge, e dopo anni e anni di ricerca scientifica e sperimentazione rigorosa, è nato il Codice Cambridge. Dal suo esordio nel 2013, migliaia di persone lo hanno usato, con grande beneficio.

## 4. Il modello per il Codice Cambridge: *cogliere il momento in cui scivoliamo*

Immagina questa scena: una persona matura e molto esperta deve tenere una conferenza davanti a una grande platea. Entrando, inciampa sul gradino all'ingresso e cade. In quel momento il suo stato mentale cambia: prima di cadere era "l'adulto competente", tempo di trovarsi a terra ed è tutt'altro. Il suo stato d'animo diventa quello di un neonato: non si sente autosufficiente e avrebbe tanto bisogno che qualcuno lo aiutasse ad alzarsi. Oppure quello di un bimbo ai primi passi: si rimette in piedi da solo per mostrarsi indipendente e, invece di accettare che se è caduto è colpa sua, se la prende con le scale o con il tappeto. Magari si ritrova nello stato mentale di un bambino di dieci anni che ha semplicemente bisogno di sentirsi dire: «Dai, su! Alzati!», cioè di una figura autorevole che lo incoraggi a non mollare nella vita. O invece in quello di un adolescente che muore di vergogna per la figuraccia da scemo e da maldestro davanti a gente che rispetta e su cui vuole fare buona impressione. Si è fatto notare, ma nel modo sbagliato, e vorrebbe sprofondare.

In una situazione del genere, ognuno di noi scivola in uno stato mentale diverso. Ma ciò che conta davvero non è che siamo precipitati da uno stato mentale adulto dritti in quello adolescente o infantile, e nemmeno dove siamo atterrati. Ciò che conta è: possiamo riprenderci? C'è chi si rialza al volo e prosegue per la sua strada in modo molto adulto: la ripresa è immediata. C'è chi ha bisogno di una tazza di tè per smaltire l'adrenalina e calmarsi. C'è chi deve necessariamente andare a casa e non riesce a fare come se niente fosse. E infine chi si scaglia contro l'istituzione responsabile della costruzione del gradino.

L'esempio mostra che ciascuno di noi, ogni giorno, fa su e giù lungo questa traiettoria di sviluppo. Molti nemmeno se ne accorgono, fa parte della quotidianità. Può capitarti, per esempio, di incontrare per caso tuo fratello o tua sorella: immediatamente e senza che tu ne sia consapevole il tuo stato mentale cambia, torni indietro ai tempi in cui eravate piccoli, con annesse rivalità e preoccupazioni.

## Risalire lungo la scala: lo sviluppo degli stati mentali

Quasi tutti sanno che lo sviluppo fisico dei bambini procede per tappe ben definite: si mettono seduti a sei mesi, gattonano a otto, camminano a undici, mettono i denti a un anno. Chiaramente possono esserci variazioni di questa traiettoria: alcuni, per esempio, non camminano fino ai diciotto mesi.

Ma non ci rendiamo conto che lo sviluppo *emotivo* di un bambino segue una traiettoria simile, costituita da tappe altrettanto definite. Anche in questo caso, possono esserci variazioni: alcuni bimbi raggiungeranno certi traguardi emotivi più lentamente di altri, specialmente se hanno genitori iperprotettivi. Ciononostante, i tempi di transizione e gli aspetti propri di ogni fase sono ampiamente riconosciuti. La prima infanzia (da zero a due anni) è caratterizzata da una dipendenza nei confronti della madre; la seconda infanzia (dai due anni ai sette) è il momento in cui il bambino distingue la propria identità da quella dei familiari; nella latenza (dai sette anni ai dieci) sviluppa l'indipendenza; in adolescenza esprime il desiderio innato di distacco, di accoppiarsi e di sfidare i limiti. È un percorso spesso descritto come salire su una scala a pioli.

Tenere a mente queste diverse fasi ti permetterà di capire meglio i tuoi risultati specifici. L'asse dello sviluppo mentale – il periodo che va dalla nascita all'età adulta – è la nostra unità di misura del subconscio perché, fra tutte le migliori teorie psicologiche, psicoterapiche e psichiatriche, questa ha retto alla prova del tempo. È il modello più comprovato che abbiamo a disposizione, sul quale mappare gli scivoloni inconsci e, da lì, misurare la capacità di ripresa di ogni individuo. La traiettoria dello sviluppo del bambino viene riconosciuta e aggiornata dai tempi degli antichi greci a quelli dei moderni neuroscienziati. Crescendo, raggiungiamo dei traguardi nello sviluppo mentale che corrispondono a quelli fisici, e ognuno di essi è uno stato mentale a sé. Vediamoli assieme.

*Prima infanzia*

I bambini, per loro natura, sono dipendenti; non possono essere autosufficienti. La concezione classica (anche se è lievemente semplicistica) stabilisce che i neonati siano dipendenti e che comincino a comprendere che esistono in quanto individui con dei confini tra sé e gli altri quando vengono svezzati. Arriva un momento in cui il nostro sviluppo fisico è tale da permetterci di capire che non siamo parte di un altro essere. Ci accorgiamo se chi si occupa di noi c'è o non c'è, se si è messo un cappello oppure un paio di occhiali che ne modificano l'aspetto, e percepiamo i diversi odori corporei. Prima che il bambino raggiunga questo stadio, la presenza o l'assenza della persona che si occupa di lui non viene riconosciuta dal punto di vista cognitivo, ma viene tuttavia percepita come una privazione. Per esempio, se non prende il latte, un bambino non sa di avere fame, sa che sta male e percepisce il dolore come una minaccia.

Se viene abbandonato troppo presto, quando ancora non è in grado di nutrirsi autonomamente, muore. Il terrore dell'abbandono, di cadere senza avere qualcuno pronto a prenderci, è cruciale nello sviluppo del nostro cervello. Quando nasciamo ed entriamo in contatto con cibo caldo, morbido e con il battito del cuore della persona che ci sta vicino, le nostre aspettative sono soddisfatte. Se ciò non accade, le aspettative sono deluse e ci costruiamo già una nostra percezione del mondo. La sensazione precoce di bisogno e di abbandono crea tutta una serie di sentimenti che alimentano uno stato mentale. Non è solo la dipendenza, è la paura di perdere ciò da cui la nostra vita dipende, con le relative conseguenze.

Noi crediamo che a questi primissimi stadi di sviluppo sia legata la rabbia inesprimibile di quando si è piccoli che in seguito può condurre alla vergogna, perché se non percepiamo il momento del distacco cresciamo pensando di non avere il diritto di esistere in quanto individui indipendenti. La rabbia insorge perché dentro di noi, in modo innato, sappiamo invece di avere questo diritto, ma a quell'età non siamo in grado di esprimerlo a parole perché siamo arrabbiati. Dobbiamo fidarci del fatto che la persona che si occupa di noi ci aiuterà a fare il passo successivo, e se ciò non accade ci vergogniamo di esistere. Nella nostra testa, siamo noi bambini a essere indegni: è impensabile che i nostri genitori possano sbagliare.

È questo il periodo in cui si pongono le fondamenta dei ricordi impliciti. I ricordi impliciti sono accessibili mentre cresciamo, ma con il passare del tempo cominciano a non esserlo più. Quando abbiamo quattro o cinque anni, non abbiamo ricordi espliciti degli eventi accaduti prima che ne compissimo tre, a meno che non siano stati particolarmente traumatici. Perciò, quando si lavora con persone che hanno difficoltà relative al loro benessere e alla loro salute mentale, non ci si focalizza solo sui ricordi. Spesso ciò che crea problemi a tutti noi non è quello che ricordiamo, ma il desiderio di essere compresi e quindi di capire in che modo la nostra mente individuale percepisce il mondo. È questo che può avviare il percorso verso la salute.

*Seconda infanzia*

La seconda infanzia è caratterizzata da una sensazione di onnipotenza e dalla tendenza istintiva a spazzare via la competizione. Quindi un bambino dirà: «Certo che voglio bene al mio fratellino, adesso potresti per favore tirarlo su con l'aspirapolvere?». Perché a quest'età dentro il cervello del bambino succedono tantissime cose, ma non ha le parole per descriverle. Da genitore, gli si può rispondere: «Lo so che il tuo fratellino ha bisogno di attenzioni da parte mia, ma io ti voglio sempre tanto bene e tutto si sistemerà». In questo modo avrà gli strumenti per elaborare i sentimenti difficili che prova, capire che sono normali, comuni, e imparare che possono essere affrontati e superati senza dover eliminare nessun membro della famiglia. Se il genitore urla quando il figlio maggiore morde quello minore, il bambino, il quale ovviamente va fermato, vedrà che la sua rabbia – nata dal fatto di dover condividere con qualcun altro le attenzioni dei genitori – non viene legittimata. Questo genera in lui l'incapacità di rattristarsi quando perde parte del genitore a favore di un'altra persona. I dolori irrisolti restano bloccati nella mente e il bambino non è in grado di superarli. Per fortuna, la maggior parte dei bambini riesce a elaborare la tristezza, si riprende e ne viene fuori con gioia e amore.

La seconda infanzia ha un'altra caratteristica fondamentale: i bambini di questa età hanno la capacità di sognare di essere grandi e grossi, e poi di tornare con i piedi per terra e rendersi conto che non è così. Scoprono come staccarsi dalle sottane della mamma senza farsi male. È possibile che si sentano umiliati dal fatto di essere piccoli, ma se non vengono presi in giro per i loro sforzi di apprendimento ecco che imparano a tollerare l'umiliazione ed evitano di riversarla sugli altri.

*Fase edipica*

I bambini devono poi affrontare quella che tecnicamente si chiama "fase edipica" dell'infanzia. È il momento in cui imparano ad accoppiarsi con un'altra persona, ma non riescono a farlo davvero perché i meccanismi fisici e gli impulsi ormonali che servirebbero loro non sono ancora pienamente in azione. Saltano sul letto, in mezzo ai genitori, e spingono via la mamma o il papà così possono fingere di essere l'altro adulto della coppia. Stanno facendo pratica, e in questo modo acquisiscono una buona conoscenza emotiva di ciò che serve per avere una relazione sana, una volta che avranno sviluppato le capacità fisiologiche necessarie.

Dal punto di vista prettamente fisico, hanno ormai messo tutti i denti da latte da un pezzo. Quanta verità nelle parole di Aristotele: «Datemi un bambino nei primi sette anni di vita e io vi mostrerò l'uomo». Quando arrivano a quest'età, i bambini sono in grado di sopravvivere da soli, se devono. Le fondamenta della mente sono state ampiamente gettate: il modo in cui vediamo la vita e sviluppiamo le relazioni è già stabilito, ciò che viene dopo si basa su quelle fondamenta.

*Latenza*

Dai sette anni in poi, un bambino vuole fatti, regole e informazioni; il pensiero simbolico esiste solo in minima parte. Quindi se la regola è: «Non si gioca a calcio in salotto», viene presa in senso letterale: nessuno ha parlato del tennis! A questo punto i bambini possono sviluppare un rapporto sano con l'autorità: sanno di essere individui a sé, ma imparano anche da chi ha più esperienza di loro. A volte, invece, la loro mente si sviluppa in modo tale da voler sempre compiacere l'autorità. Può accadere perché non si fidano e sentono di doverla assecondare per evitare che una reazione avversa li "distrugga". A livello psicologico, la risposta dell'autorità può avere questo effetto. Quindi fanno in modo che non accada, e si assicurano anche che le proprie capacità distruttive siano messe da parte, in modo da non distruggere la persona dalla quale dipendono.

A volte il bambino sente che l'adulto non sta agendo per il suo bene, al contrario di quanto dichiara. In questo caso si avvia una dinamica di sfiducia nei confronti dell'autorità e il bambino può finire per ribellarsi troppo presto, facendo sempre in automatico l'opposto di ciò che gli viene chiesto. Quando ciò accade, resta privo di una consapevolezza interiore dei propri bisogni.

*Adolescenza*

Il passo successivo è l'adolescenza, che in termini psicologici ha un significato molto diverso dall'idea che abbiamo del comportamento di un teenager occidentale. Questa fase ruota attorno al desiderio di avviare una relazione, con l'obiettivo ultimo di accoppiarsi. Dalla relazione nascerà qualcosa di completamente diverso dalla coppia, ma pur sempre un prodotto di entrambi. L'adolescenza è la spinta a creare un qualcosa di nuovo divenendo parte di una coppia anziché auto-replicarsi. È l'istituzione di una nuova tribù.

Questo è il vero significato del termine adolescenza ed è evidente in tutto il mondo all'interno di alcune culture dove l'aspettativa di vita è più breve. Gli adolescenti della tribù si accoppiano, procreano e assumono i ruoli parentali di cacciatore, agricoltore e fornitore molto prima rispetto ad altre culture. Nella società occidentale, l'idea di sposarsi e avviare la propria tribù a diciassette anni è meno comune, e riflette la tendenza tipica dell'Occidente a contenere la spinta adolescenziale che ritarda la transizione dei giovani all'età adulta. Questo può essere all'origine della frustrazione che in Occidente genera gran parte del conflitto tra adolescenti e adulti. Ciò che a volte vediamo al giorno d'oggi, cioè la caricatura di adolescenti scontrosi che non vogliono genitori tra i piedi, è una seconda infanzia, non è adolescenza.

*Età adulta*

Si raggiunge uno stato mentale adulto nel momento in cui si comincia a imbrigliare lo stato mentale creativo dell'adolescenza, piuttosto che soffocarlo o condannarlo. Tra le caratteristiche dell'età adulta rientrano la capacità di provare piena empatia, di assumersi la responsabilità di se stessi e degli altri, di capire e accettare le conseguenze delle proprie azioni e di consentire a chi ci sta vicino di essere forte. Un adulto maturo è anche in grado di accettare i limiti della propria mortalità, e quindi affronta i rischi con riluttanza. È per questo che un leader di valore, nella sua espressione adulta, ha bisogno di una buona dose dell'inclinazione adolescenziale a correre rischi calcolati per poter progredire.

## L'importanza del "genitore interiore" e della "famiglia inconscia"

C'è un motivo se parliamo così tanto dei diversi stadi di sviluppo e dell'età inconscia. Tutti i tratti che ci caratterizzano non aleggiano nel nulla: rientrano in un contesto di controllo e bilanciamento reciproco inconscio e si attivano solo in determinate circostanze. La domanda fondamentale è: hai un genitore interiore? Sei stato capace di prendere i commenti e le esperienze positive vissuti con gli altri e di imparare da questi per costruirti un genitore, o un amico interiore? Oppure hai fatto tuoi solo gli aspetti più duri e così adesso ti ritrovi con un critico o un giudice interiore? Più abbiamo buoni genitori, amici e fratelli interiori e più siamo resilienti perché, quando siamo soli, abbiamo dentro un "buon genitore" pronto ad aiutarci. Se invece abbiamo fatto nostro un giudice più severo o fragile, quando ci sentiamo soli non ci sarà utile, e nemmeno di conforto.

Quando qualcuno dice di avere scarsa autostima, in realtà spesso intende che non ha questo amico o genitore interiore che possa consolarlo e aiutarlo a superare certe situazioni. Alcune persone invece hanno dentro di sé dei critici interiori molto duri e severi che le maltrattano (succede ai maniaci del lavoro). Non è una situazione sana perché chi sta accanto a una persona del genere – che sia un figlio, oppure la partner/il partner – finisce per attaccarsi a tutte le emozioni e le mancanze, e la parte negativa viene incanalata verso di lui, o lei. Dopodiché deve farsene carico perché altrimenti verrebbe spinto/a via quando l'altro/a avanza, mietendo vittime sul proprio cammino. Soffriamo la mancanza di autostima quando non abbiamo una risorsa interiore che possa aiutarci a superare i momenti difficili.

Nel corso di un capriccio spesso i bambini piccoli gettano l'orsacchiotto, o un altro peluche, giù dalle scale, invece di portarselo a letto per farsi compagnia. Un genitore frustrato potrebbe reagire dicendo: «Non scendo più a prendertelo, è la terza volta che lo butti di sotto». Per quanto sembri un ragionamento sensato, in realtà la situazione è diversa: il bambino è arrabbiato con il genitore, non è in grado di esplicitare il motivo della sua rabbia e ha bisogno di sapere che il genitore lo capisce. Una volta che il genitore avrà aiutato il bambino a comunicare le ragioni della sua ira, è probabile che il piccolo smetterà di lanciare giù l'orsacchiotto. Alla fine il peluche diventa virtuale a mano a mano che viene interiorizzato: questo si riflette nel suo progressivo allontanamento dal letto alla sedia, finché da adulti non si arriva ad aver sviluppato un compagno interiore. Se un adulto dorme con un peluche, significa con certezza che fa ancora fatica a trovare il suo amico interiore, ed è per questo che deve cercarne uno all'esterno. Probabilmente una persona del genere è molto resiliente finché ha accanto una persona che si assume quel ruolo, ma se questa dovesse andarsene la sua resilienza inizierebbe a venir meno.

## La tua impalcatura interna ed esterna

L'impalcatura interna viene costruita nella mente dal neonato quando i genitori lo cullano tra le braccia, o quando lo avvolgono nelle coperte per trasmettergli la sensazione fisica di sicurezza attraverso una forma di contenimento esterno. A mano a mano che il bambino cresce e attraversa le fasi dello svezzamento, della separazione e dell'indipendenza, interiorizza il senso di avvolgimento e costruisce dentro di sé un'impalcatura che riproduce la sensazione di sicurezza che gli era stata offerta nel mondo esterno.

Ognuno di noi ha la propria impalcatura, che è il risultato di una predisposizione personale e del modo in cui si è stati cresciuti. Dal momento in cui nasciamo, la nostra mente comincia a costruire, pezzo dopo pezzo, questa impalcatura interna subconscia e così, una volta diventati adulti, abbiamo una struttura mentale interna che equivale a una sorta di "casa interiore". Una combinazione di limiti positivi, disciplina e amore favorisce un'impalcatura interiore solida, ma se alcuni pezzi di questa struttura non sono stati messi nel posto giusto, o nel modo più solido, è molto difficile smantellarla quando si è ormai raggiunta la maturità.

Nel corso del tempo, potremmo scoprire di dover puntellare l'impalcatura rimpiazzando le parti mancanti o inadeguate con elementi di sostegno esterni. La mente è flessibile, e per poter continuare a funzionare nel frattempo si sarà adattata ai difetti dell'impalcatura. Queste "soluzioni alternative" costituiscono i nostri meccanismi di sopravvivenza. Quindi, per esempio, si può essere ordinati in maniera ossessiva perché si vuole nascondere e gestire il proprio caos interiore; oppure, al contrario, si vive nel caos più totale perché si vuole comunicare al mondo che si è caotici anche al proprio interno. Il problema dei ponteggi esterni è che sono molto più facili da destabilizzare e danneggiare rispetto a quelli interni. La forma di benessere migliore è costituita da un'impalcatura interna solida, che ci permette di risalire lungo la scala quando precipitiamo in uno stato mentale infantile.

Da adulti, siamo in grado di trascorrere quasi tutta la giornata in uno stato mentale "maturo", cioè di stare in cima alla scala, perché il nostro ponteggio interiore è solido. Ma, di tanto in tanto, precipitiamo a uno stadio di sviluppo inferiore. La "famiglia inconscia", che vive dentro ognuno di noi e nasce dalle esperienze che abbiamo fatto nella vita, entra in gioco in maniera tanto più irrazionale quanto più in basso siamo scivolati e quanto più tempo ci mettiamo per risalire al nostro stadio adulto.

Come abbiamo visto, è un'esperienza comune a tutti e fa parte della nostra quotidianità. Ci sono migliaia di stimoli diversi che, in un attimo, possono far precipitare a uno stadio di sviluppo inferiore un adulto che un attimo prima era vestito di tutto punto e stava andando a lavorare. Capita a ognuno di noi decine di volte al giorno; è impossibile che non ci succeda. Ciò che conta, dicevamo, è se restiamo bloccati a lungo, per esempio, allo stadio della prima infanzia (quello della necessità), o dell'adolescenza (quello della scontrosità), oppure se invece ci riprendiamo in fretta.

Freud aveva una teoria: la parte primitiva di noi (il cosiddetto cervello rettile con sede nell'amigdala) viene a "morderci" quando siamo sotto pressione e relega in secondo piano la zona più sofisticata del nostro cervello, facendoci perdere il controllo. Con il Codice Cambridge vogliamo sviluppare quest'idea e andare oltre. Ci siamo concentrati sul meccanismo di scivolamento e risalita lungo la scala dello sviluppo. Ogni persona ha il proprio pattern, che è unico e individuale. Ed è misurabile: possiamo calcolare a che punto della scala cadiamo in risposta a certi stimoli, e a che velocità balziamo di nuovo allo stadio adulto. Se identifichiamo e quantifichiamo i nostri scivoloni e le nostre risalite – cioè il nostro pattern – possiamo vedere in un attimo ciò che prima avremmo impiegato ore e ore di analisi terapeutica a individuare.

*Il Codice Cambridge coglie il momento in cui il subconscio viene spinto in uno spazio che non è quello adulto consueto; misura la caduta e valuta la velocità di recupero.*

# 5. Sviluppo del Codice Cambridge: *la metodologia dietro l'idea*

Nel momento in cui ci siamo resi conto che questo movimento di caduta e risalita lungo l'asse di sviluppo conteneva in sé un grande potenziale per osservare e quantificare le caratteristiche comportamentali inconsce, la squadra del Codice Cambridge ha deciso di studiare un metodo per interpretare tali pattern. Il lavoro è iniziato nel 2013, con un team di scienziati dell'Università di Cambridge. Oltre a esaminare le migliori teorie psicologiche, psicoterapiche e psichiatriche esistenti, abbiamo analizzato un ampio corpus di studi risalenti agli ultimi centocinquant'anni: da Freud, Piaget e Erikson fino a Ainsworth e ai più recenti Hepworth-Target, Fonagy e Siegel, ovvero coloro che hanno mappato gli stadi di sviluppo umano e i modelli della mente. La nostra ricerca è stata così ampia e si è spinta talmente a fondo da permetterci di tradurre e condensare l'esperienza della psicoterapia in una serie di domande e scenari che costituiscono lo strumento del Codice Cambridge.

### Fase uno: l'elaborazione delle domande

Nella prima fase, ci siamo occupati di identificare gli stimoli che inducono l'individuo a scivolare verso il basso dal proprio stato mentale consueto. Come abbiamo visto, queste "cadute" possono essere innescate chiedendo a qualcuno di richiamare alla memoria un determinato episodio e poi valutandone la risposta attraverso una combinazione di rievocazione dei fatti e autoanalisi. Dopo aver testato circa cinquemila domande e averle poi sottoposte a oltre mille sessioni cliniche complete, è stato redatto il prototipo del questionario.

Le domande che lo compongono sono di diverso tipo: l'obiettivo è stimolare il tuo subconscio. Prendiamo una delle prime, di tipo introduttivo: «Quando eri piccolo/a, litigavi con i tuoi fratelli o sorelle?». Quando le persone la leggono, vengono spinte verso stadi differenti lungo la scala dello sviluppo. Qualcuno si ricorderà di un periodo specifico della propria infanzia durante il quale bisticciava parecchio e mentre ci ripensa scivolerà per qualche istante allo stadio mentale infantile. Chi invece magari ha una sorella che non molti anni prima ha dovuto affrontare una malattia ritornerà a quel momento e si commuoverà ripensando al sostegno di cui lei aveva avuto bisogno. Chi invece è figlio unico può darsi che si ricordi di un altro familiare o di un amico stretto con cui litigava, che gli venga in mente un episodio specifico, una rissa a scuola per esempio, e si chieda che fine abbia fatto quella persona.

Fondamentalmente non c'è una risposta giusta o una risposta sbagliata. È importante ricordarselo mentre si compila il questionario. Questa prima domanda serve a darti la spinta per esplorare il tuo subconscio. Non le corrisponde nessun punteggio e quello che rispondi non conta: sono la reazione che hai e il sentimento che scaturisce in te a dettare il tono del resto del questionario. Ognuno di noi può scivolare a diversi stadi mentali e rimanerci per un lasso di tempo differente. Le domande successive lavorano su scenari specifici che sono stati elaborati con grande attenzione in modo da poter analizzare e valutare sia la profondità della caduta sia la velocità di risalita. Probabilmente non ti ricorderai ogni singolo scenario perché le domande sono studiate per stimolare il tuo subconscio, non la tua mente conscia. Potresti anche scoprire che, dopo aver risposto a una domanda di questo tipo, ti venga il forte impulso di metterti in contatto con la persona a cui ti ha fatto pensare.

Il questionario è stato elaborato con cura in modo da coprire tutte le sezioni della scala di sviluppo, e da permettere diverse combinazioni di reazioni correlate alla comprensione che abbiamo nei diversi stadi di sviluppo mentale. Il prototipo del questionario è stato testato su un nucleo iniziale di 540 partecipanti, che sono poi stati coinvolti in un colloquio clinico. È stato entusiasmante verificare che già i dati grezzi confermavano il lavoro del nostro team: avevamo trovato il modo di misurare i pattern specifici di caduta e risalita.

## Fase due: interpretare le risposte

Nel corso della seconda fase di sviluppo abbiamo dovuto progettare un sistema che traducesse in modo affidabile i punteggi numerici del questionario in una descrizione delle caratteristiche individuali dei partecipanti. Per farlo, abbiamo lavorato a un algoritmo a due fasi: la prima fase è stata progettata per assegnare a ogni partecipante un punteggio sulla base di stato d'animo e velocità di recupero, come indicato in precedenza; la seconda fase, usando casi sperimentali e studi clinici, mette in relazione il punteggio complessivo con una selezione di caratteristiche subconsce identificate grazie a un'estesa ricerca di mercato.

L'abbiamo quindi testato su individui che mostravano caratteristiche molto marcate in aree specifiche come resilienza, competitività, empatia ecc. Successivamente, i professori dell'Università di Harvard e del Massachusetts Institute of Technology (MIT) hanno portato avanti dei test dal vivo che hanno confermato i nostri risultati.

## Fase tre: identificare i settori

Progettare i paradigmi di codifica, o pattern, è stato un processo complesso. Poiché la mente, con le sue caratteristiche subconsce, è estremamente complessa, siamo partiti selezionandone circa centocinquanta aspetti diversi. Li abbiamo chiamati "settori". Successivamente abbiamo ottimizzato la categorizzazione individuando più o meno quaranta aree principali e da lì abbiamo ristretto ancora il campo arrivando a dodici settori che fossero i più largamente rilevanti, fondamentali e pertinenti per il benessere personale e professionale dell'individuo.

Questi dodici settori fondamentali non esistono come entità isolate, ma coesistono in una struttura interattiva. Alcuni si trovano spesso combinati tra loro, altri invece solo di rado. La crescita potenziale di alcuni di questi settori nel corso degli anni, la possibilità che essi si manifestino, può essere limitata dalla presenza di altri settori; alcuni cervelli non sono così vincolati. Il profilo individuale del subconscio specifico di ogni lettore è il prodotto della codifica di tutti e dodici i settori.

Le semplici descrizioni fornite in questo libro – per esempio competitività o resilienza (vedi Seconda parte: Esplorare i settori) – stabiliscono un sistema che ci permette di caratterizzare e differenziare i settori, in modo da semplificare l'analisi delle tendenze subconsce che vengono svelate effettuando il test.

### Fase quattro: l'evoluzione del Codice, dalle aziende al benessere personale

La versione iniziale del questionario era pensata come strumento per la crescita professionale, di squadra e personale. Ne è stata poi elaborata un'altra per la valutazione del benessere individuale e da allora il Codice continua a subire modifiche per adattarsi a svariati usi, tra cui l'analisi predittiva di mercato, lo sviluppo di prodotti che riguardano gli incontri e le relazioni sentimentali, e l'applicazione di criteri che garantiscano l'eterogeneità e l'inclusione nei processi di selezione del personale.

Ma collaudando e perfezionando le diverse varianti, siamo rimasti via via sempre più colpiti dal fatto che tutti coloro che partecipavano ai test si mostravano interessatissimi a ricevere e discutere i loro risultati. La possibilità di comprendere il proprio subconscio aveva un impatto inaspettato sulla maggior parte delle persone. E così ha cominciato a prendere piede l'idea di rendere il Codice accessibile al grande pubblico, concentrandosi sulla sua rilevanza per il benessere quotidiano. Il questionario che hai ora a disposizione è stato specificamente progettato e migliorato per concentrarsi sul tuo benessere, in particolare in ambiti chiave come relazioni, famiglia e lavoro.

Una volta completato e perfezionato, il Codice Cambridge è stato lanciato. In quest'epoca, in cui ciascuno di noi può richiedere un profilo genetico completo e riceverlo per posta, abbiamo fatto sì che si possa richiedere un profilo del proprio subconscio e completare il test online in meno di mezz'ora. Sono migliaia le persone che si sono già sottoposte al Codice Cambridge, migliorando così la conoscenza di sé e, di conseguenza, il proprio benessere generale.

# 6. Concetti chiave del Codice

Ecco alcuni concetti chiave da tenere ben presenti quando si consulta il proprio resoconto e si legge il libro.

*Il verde e il blu. Perché non esiste un settore "buono" o un settore "cattivo"*

Quando riceverai i tuoi risultati, vedrai che il Codice avrà assegnato a ogni settore il colore verde o il colore blu.

Il "verde" riflette una presentazione moderata del settore. Il "blu" riflette una presentazione più profonda e concentrata del settore. Ma non si tratta di una configurazione binaria. Il settore blu è in realtà composto da due "rovesci della medaglia" che hanno la stessa radice blu ma che possono apparire come opposti. Immagina un ferro di cavallo, con i due "bracci" che dalla base s'incurvano in fuori allontanandosi per poi riavvicinarsi fin quasi a toccarsi. Immagina anche che il ferro di cavallo sia dipinto di verde scuro sulla parte anteriore e che il colore sfumi nel blu a mano a mano che si scende lungo le due estremità: esse hanno la stessa radice, ma prendono direzioni diverse. Sono questi i due differenti aspetti del blu. Un esempio concreto potrebbe essere una relazione nella quale uno dei due partner è molto ordinato mentre l'altro non lo è per niente. Il primo potrebbe essere ordinato perché sta cercando di "mettere ordine" nella sua mente disordinata. Il secondo potrebbe avere una mente altrettanto disordinata, ma al contrario del primo cerca di esprimerla con il disordine nel proprio ambiente. È per questa ragione che all'inizio di ogni capitolo abbiamo inserito dei compendi per due blu apparentemente opposti e per un verde.

Un settore verde non equivale a "buono" e un settore blu non equivale a "cattivo", o viceversa. Le codifiche non hanno connotazione negativa. La varietà in questo caso è il sale della vita. Gli individui più interessanti, coinvolgenti e produttivi mostrano spesso un po' di settori blu. A volte una profusione. Al contrario, capita spesso che nella configurazione di un team che fatica a compiere balzi creativi in avanti siano decisamente preponderanti i settori verdi.

*Non puoi imbrogliare il Codice!*

Preparati, perché il questionario online ti risulterà facile da compilare. Diverse persone ci hanno detto di aver provato a imbrogliare: è un istinto umano! Ma poiché il test è progettato e organizzato in modo da incrociare numerosi algoritmi, è praticamente impossibile indirizzarlo verso un certo risultato.

Questo perché non c'è nessuna domanda che sia collegata a uno specifico tipo di cervello: tutti i quesiti di codifica forniscono input per svariati output. Alcuni sono di tipo "introduttivo", come abbiamo visto, ideati per metterti in un determinato stato d'animo o su un certo gradino della scala di sviluppo. Per esempio, non assegniamo un punteggio a seconda che tu sia il primogenito, il secondo figlio e così via; piuttosto, ponendoti questa domanda, miriamo a farti ripensare alla tua infanzia in generale.

Potrebbe succedere, con tuo grande fastidio, che nessuna delle risposte suggerite sia quella che vorresti dare tu. Lo sappiamo, ma così facendo sproniamo il tuo cervello a sceglierne una e osserviamo come reagisci a questo processo. Si innesca un meccanismo simile a quello di quando cadiamo e ci rialziamo. È successo anche con un professore che partecipava a una conferenza dove il nostro team presentava gli sviluppi del suo innovativo lavoro di mappatura dell'inconscio; dopo aver compilato il questionario del Codice Cambridge è sceso dalle scale agitando letteralmente il portatile in aria da tanto era irritato. «Non c'è nessuna risposta che voglio dare!» Era emerso il bambino di quattro anni che c'è in lui: sebbene ci fossero moltissime risposte valide, nessuna lo rappresentava alla perfezione. Scoppiò a ridere, si rese conto di essere scivolato nello stato d'animo del perfezionista e lo ammise senza remore.

*Capire i tuoi risultati*

I risultati del test includono una sinossi analitica (molto simile all'interpretazione che uno specialista dà dei tuoi esami del sangue) che mira a fornirti una comprensione di fondo di te. Se letto con l'aiuto di questo libro, il resoconto ti suggerirà quali parti di te sono da esplorare e ti offrirà alcuni consigli da mettere in pratica nelle aree chiave della vita: le relazioni, la famiglia e il lavoro. Ti darà l'occasione di pensare al perché di determinate decisioni: come mai scegli sempre un certo tipo di partner, di lavoro, o perché gli altri reagiscono in un determinato modo nei tuoi confronti. Alcune sezioni del tuo resoconto potrebbero essere meno rilevanti di altre nella fase della vita in cui ti trovi, ma le circostanze possono sempre cambiare quando per esempio traslochi, trovi un nuovo lavoro, crei altri legami, hai dei figli e invecchi.

All'inizio, questa presa di coscienza potrebbe metterti in difficoltà – non è facile vedersi rivelate, nel giro di pochi minuti, le proprie spinte profonde e subconsce –, ma grazie agli strumenti forniti dal Codice potresti essere in grado di capire meglio l'origine del tuo disagio.

# 7. Usare questo libro per decodificare i tuoi risultati

Il test online è progettato in modo da essere rapido da eseguire e accurato. Come per lo schema che restituisce i dati dell'analisi del DNA, il libro contestualizza il tuo risultato, affinché le informazioni acquistino profondità e comprensibilità. Funziona, in pratica, proprio come il "consulto" che accompagna il test del DNA.

A ogni settore è dedicato un capitolo che ne illustra il ruolo nella tua quotidianità e spiega in che modo può manifestarsi, il tutto illustrato da casi specifici e aneddoti. Li potrai trovare divertenti, tristi, commoventi o familiari. Tra parentesi, sono tutti veri, ma i nomi dei protagonisti sono stati cambiati. Qualche lettore troverà interessante leggere una spiegazione del processo formativo che influenza lo sviluppo di ogni specifico settore del cervello, quindi abbiamo deciso di includere in ogni capitolo un approfondimento sull'origine psicologica della tipologia di cervello.

Questo libro è progettato in modo da integrare e migliorare il profilo che ricevi online, aggiungendo un'ulteriore dimensione alla comprensione del tuo subconscio. I capitoli potranno rivelarsi utili anche per cogliere alcuni aspetti del subconscio delle persone che ti stanno accanto: partner, familiari, amici, colleghi. È per questo motivo che ti vengono forniti più suggerimenti per l'esplorazione di te e più consigli rispetto a quanto troverai nel tuo resoconto: perché tu tenga presente non solo la tua specifica tipologia di cervello, ma anche il modo in cui essa interagisce con quelle degli altri.

Una raccomandazione, prima di cominciare: decifrare il tuo subconscio può essere un'esperienza profonda, quindi pensa se vuoi condividerne i risultati con le persone che ti sono vicine. Ciò che scoprirai di te può stimolare dei cambiamenti nel rapporto con gli altri: alla fine potrà essere gratificante, ma il processo per arrivarci può turbare. Se vuoi, chiedi a qualcuno di leggere questo libro, oppure condividine alcuni passaggi scelti, quelli più rilevanti. Oppure perché non fare il test tutti insieme, in squadra? Non c'è un modo migliore di un altro.

Come abbiamo detto all'inizio, è molto più facile guardare sotto il mare vorticante degli altri che sotto il proprio. Adesso, con il Codice Cambridge, hai a disposizione uno strumento per aiutarti a visualizzare i tuoi abissi vorticanti.

# 8. Le domande più frequenti

*C'è un settore migliore di un altro? Il blu è connotato negativamente?*
Come abbiamo già detto, il Codice non ha una connotazione negativa. Il "verde" in un determinato settore ne indica una presenza moderata. Il "blu" in un determinato settore ne indica una presenza più profonda, o più concentrata.

È vero che avere un blu può significare che ci sono alcune aree di cui sarebbe opportuno essere più consapevoli quando si verificano eventi di vita stressanti, ma le caratteristiche possono anche tradursi in qualità estremamente utili in determinate circostanze e danno un'impronta fondamentale alla nostra personalità.

*Posso scegliere le risposte in base a quello che penso mi faccia fare bella figura?*
Il test è stato studiato in modo da essere molto facile da compilare. Spesso non c'è una risposta che sia più allettante dal punto di vista sociale rispetto ad altre, e nessuna domanda è collegata direttamente a uno specifico tipo di settore, quindi selezionare puntigliosamente le risposte che pensi possano descrivere il tuo cervello con un certo colore è praticamente impossibile.

*Quali sono le domande collegate direttamente ai diversi settori?*
Nessuna domanda è collegata a un settore specifico, e non tutte le domande prevedono un punteggio: alcune sono solo di tipo "introduttivo" e sono state pensate per metterti in un certo stato d'animo.

*Ci sono domande molto personali: chi leggerà i miei risultati?*
Le risposte che darai non verranno mai lette da nessuno, nemmeno dal gruppo di lavoro del Codice Cambridge. Vengono usate per orientare una serie di algoritmi che le trasformano in una mappa del tuo subconscio; e, dato che nessuna domanda è collegata a una caratteristica individuale, guardando il tuo profilo è impossibile scoprire che cos'hai risposto a una domanda specifica.

*Come mi arrivano i risultati?*
Quando avrai completato il test, ti comparirà automaticamente sullo schermo un profilo del tuo subconscio. Vedrai i risultati su un'interfaccia che presenta le dodici aree fondamentali del cervello: se ci clicchi sopra compare una breve spiegazione del significato dei colori.

*Ho ricevuto i risultati: adesso cosa devo fare?*
Il Codice non ti dice che cosa devi fare, ma getta luce sul tuo nucleo profondo, costituito dalle tue reazioni e dai tuoi pensieri istintivi. È progettato per aiutarti a capire perché compi determinate scelte e a valutare se puoi prendere decisioni diverse che fanno più al caso tuo, o che potresti preferire. Ad alcune persone basta sapere questo per avviare un cambiamento, per altre invece può essere importante il sostegno degli amici o dei familiari.

*Non c'è nemmeno una risposta che fa per me: cosa faccio?*
Le domande sono state studiate con attenzione per farti pensare a una serie di situazioni diverse e per esaminare come ti fanno sentire e come reagiresti se ti ci trovassi coinvolto. È fastidioso, ma spesso nessuna delle risposte a disposizione rispecchia quella che vorresti dare, lo sappiamo! Le domande spingeranno il tuo subconscio a rispondere ugualmente, ed è questo ciò che conta per l'algoritmo che interpreta la tua reazione a tutto ciò.

*Devo condividere i miei risultati con qualcuno?*
È una tua scelta. C'è chi vuole tenerseli per sé, chi vuole farli leggere subito a qualcuno per sapere se sono accurati o per farsi aiutare a cambiare certe cose in un'area specifica. Fornire ad altri una panoramica del tuo subconscio può far sì che poi si rapportino con te in un modo più adeguato ai tuoi bisogni.

*È vero che gli opposti si attraggono? Se così è, come funziona con i settori?*
Nella formazione di una coppia è molto probabile che due blu si attraggano a vicenda. Possono differire esteriormente ma sotto sotto i presupposti che determinano il modo in cui reagiscono agli altri sono simili. Chi ha molto bisogno di affetto può senz'altro essere attratto da chi all'apparenza sembra non avere mai bisogno di nessuno ed è sempre lì per gli altri; ma anche essere lì per gli altri è un modo per soddisfare il proprio bisogno di affetto, senza però doverlo mostrare al mondo intero. Allo stesso modo, il verde è generalmente attratto dal verde.

# *Seconda parte* | Esplorare i settori

Nei prossimi capitoli troverai una descrizione di ciascun settore che ti permetterà di comprendere a pieno il tuo profilo personale. Come dicevamo, ci sono dodici settori. Di seguito li trovi elencati con il rispettivo numero di pagina. Li puoi leggere uno dopo l'altro, o puoi scegliere quelli che ti interessano di più.



Ogni capitolo descrive una diversa area della mente e la sua crescita, che qui noi rappresentiamo come settori. I settori si basano sulla comprensione della scala di sviluppo e del modo in cui, per predisposizione e per esperienza, ci creiamo la nostra impalcatura interiore. È per questo che utilizziamo analogie ed esempi tratti dal linguaggio infantile. Se in certi casi ti sembra di non avere abbastanza esperienza con i bambini, ricordati che tu per primo sei stato piccolo. L'obiettivo del Codice Cambridge è aiutarci a entrare in contatto con la miriade di emozioni complesse che ci portiamo dentro per tutta la vita, sia quelle di cui ci accorgiamo, sia quelle che teniamo nascoste persino a noi stessi. Tutti cominciamo il nostro percorso da neonati, quando siamo piccolissimi, anche se non vogliamo pensarci troppo quando diventiamo grandi e forti. Può essere molto piacevole avere qualcuno che si prenda cura di noi, non avere responsabilità, ma allo stesso tempo può risultare fastidioso sentirsi non autosufficienti e impotenti. Le sensazioni legate a chi eravamo un tempo e a come abbiamo vissuto non ci abbandonano mai.

# 9. Competitività

*Pensi che se avessi avuto l'opportunità di fare una cosa, l'avresti ipoteticamente fatta meglio di chiunque altro? Quando qualcuno si mostra competitivo nei tuoi confronti ti chiudi e ascolti invece che parlare di te? Ti sottrai alla competizione per generosità, per lasciare che vinca qualcun altro, ma poi provi rancore?*

*Oppure invece sei fiero di te, e quando fai bene qualcosa sei capace di dirlo, e ti interessa superarti più che confrontarti con qualcun altro?*

Immagina questa scena: durante una competizione scolastica, due ragazzini gareggiano in una corsa sulla lunga distanza. Si ritrovano in testa, spalla a spalla, e stanno dando il massimo. Uno dei due inciampa e cade. L'altro prosegue e vince la gara, mostrando così una buona dose di spirito competitivo e determinazione a vincere.

Ora immagina un finale diverso: quando uno dei due ragazzini cade, l'altro si ferma, gli allunga la mano e lo aiuta a rimettersi in piedi. È mosso da uno spirito meno competitivo e mostra più empatia nei confronti dei propri rivali. O un terzo possibile esito: stessi ragazzini, stessa corsa, ma uno dei due allunga volontariamente la gamba per far cadere l'altro, poi vince la gara. Questo è un esempio di spirito competitivo spinto all'eccesso, alimentato dal bisogno di vincere a tutti i costi, nel quale anche una vittoria ottenuta barando è vista come un risultato positivo.

Per tutta la vita ci capitano situazioni come queste, in tutti gli aspetti delle nostre relazioni personali e professionali. Benvenuto nel settore della competitività!

## Da dove viene la competitività

Lo spirito competitivo è innato, lo possediamo tutti. È un meccanismo di sopravvivenza. In un mondo pieno di pericoli, di fratelli e sorelle affamati, di madri distratte, il neonato che urla più forte la spunta. Il modo in cui facciamo uso del nostro spirito competitivo dipende dalle circostanze in cui ci troviamo. Non sorprende che la rivalità tra fratelli e sorelle o l'esperienza di essere figli unici svolgano un importante ruolo formativo nel modo in cui codifichiamo la nostra competitività. È per questo che le domande sulla differenza di età tra fratelli e sorelle, se si è primogeniti, secondogeniti e via dicendo, vengono poste all'inizio nella maggior parte delle interazioni psicoterapeutiche (e figurano come domande "introduttive" nello strumento diagnostico del Codice Cambridge). Se sei figlio unico, puoi incontrare la frustrazione di dover rispondere "non pertinente" alle domande su fratelli e sorelle. È però una frustrazione alla quale chi ha fratelli e sorelle è abituato. Se averne può essere motivo di gelosia, a volte è peggio non avere avuto, per esempio, l'esperienza di dover aspettare che un fratello o una sorella più piccoli siano pronti prima di poter uscire per andare al parco giochi.

L'influenza dei genitori è un fattore altrettanto importante. I genitori a volte sentono di dover essere equanimi e trattare ogni figlio nel medesimo modo. Nella pratica è però impossibile, perché non siamo tutti uguali e i genitori stessi non sono più le stesse persone di quando hanno avuto il primo figlio. Cercare di essere imparziali a tutti i costi può generare parecchio stress in famiglia, non meno di quando, al contrario, si tratta un figlio molto meglio degli altri. Senza rendersene conto, capita che in determinati momenti i genitori si sentano particolarmente vicini a uno dei figli. Non si tratta per forza sempre dello stesso figlio, è piuttosto una sorta di altalena in costante movimento, ed è spesso l'età o la vulnerabilità del figlio con la quale il genitore si identifica a determinare il suo atteggiamento momentaneo. In un certo senso, questo è un buon modo di essere genitori: si può essere più vicini a un figlio o all'altro a seconda della sua vulnerabilità e nel momento in cui ne ha più bisogno, e ogni volta in modo diverso a seconda dei casi. Tutto sommato, un neonato è più vulnerabile di un dodicenne. In quanto genitori, possiamo inoltre scorgere facilmente la nostra stessa vulnerabilità in quella dei nostri figli, così come possiamo anche essere spinti a immaginare ciò che un bambino deve provare proiettando sullo scenario attuale quello che abbiamo provato noi tanti anni addietro. Tutto questo condiziona i nostri comportamenti.

Un genitore entra in casa dopo una lunga giornata di lavoro e i due figli, che fino a quel momento stavano giocando tutti contenti, cominciano a litigare all'improvviso. Di fatto, stanno litigando per accaparrarsi l'attenzione e il tempo del genitore, benché in superficie la motivazione sembri tutt'altra. Se fino a un secondo prima erano perfetti compagni, nel momento stesso in cui sentono la chiave nella serratura diventano rivali. È anche piuttosto comune che in questa situazione un genitore si identifichi con un figlio più che con un altro, a seconda di come i suoi stessi genitori si sono comportati con lui quand'era piccolo.

Capire la rivalità che da bambini abbiamo avuto con i nostri fratelli e le nostre sorelle è utile per comprendere come mai durante un litigio tra i nostri figli ci possa capitare di schierarci più facilmente dalla parte di uno piuttosto che da quella dell'altro. Non è raro che di fronte a un litigio tra due bambini ci venga da pensare: «È X che ha cominciato, ma Y se le va sempre a cercare». Questo può succedere perché X si è ormai guadagnato la nomea di essere un attaccabrighe, ma più spesso dipende in quale dei due figli, tornando indietro nel tempo, il genitore si identifica, quello più vulnerabile o quello più forte. Un genitore che durante tutta l'infanzia dei suoi figli mostri una forte predilezione per uno di essi a scapito degli altri può generare una situazione nella quale la rivalità tra fratelli durerà per tutta la loro vita, inasprendosi sempre di più.

Più si protegge il figlio piccolo, più crescerà la rabbia interiore del maggiore, rendendolo sempre più aggressivo. Per far sì che il maggiore elabori il dolore e non rimanga bloccato emotivamente, e che entrambi ne escano sani una volta che la gerarchia sociale è stabilita, serve equilibrio. Possiamo incontrare adulti che sono estremamente gelosi dei fratelli minori per ragioni che nessun altro può vedere tranne loro. Nessun genitore la spunterà mai, semplicemente perché è impossibile negare la realtà di un bambino che si sente scalzato dalla sua posizione di neonato, ma è molto probabile che sia meglio cercare di capire la situazione invece di contrastarla.

Un bambino che mostra la propria rivalità mordendo sta spesso reagendo a una mancanza. Sembrerà strano, ma a farne le spese non è quasi mai il bambino più ovviamente invidiabile. A beccarsi il morso non sarà quindi quello che ha ventisei macchinine (tutti lo invidiano), ma quello che ha la macchinina rosa, che è proprio quella che il nostro bambino non ha. Questo perché per lui è più facile identificarsi con chi ne ha una sola, e provare un senso di rabbia inconscia, determinata dal fatto che, a parità di condizione, loro due dovrebbero essere uguali.

L'adolescenza è in gran parte dominata dalla competizione. È una sorta di crogiolo saturo di rivalità nel quale ragazzi e ragazze, durante gli anni dello sviluppo, competono tra loro per assicurarsi un posto nel mondo degli adulti. Le rivalità sportive, sessuali, accademiche abbondano e danno forma al marker cerebrale della competitività. Quando compiamo la transizione nello stato adulto, ci portiamo dietro questa competitività in ogni aspetto delle nostre relazioni, che siano familiari o lavorative.

PUNTI DA CONSIDERARE

- La rivalità tra fratelli e sorelle è normale, così come la competizione per accaparrarsi l'attenzione dei genitori. Può darsi che siano stati fattori determinanti della tua infanzia. La rivalità tra fratelli e sorelle può proseguire in età adulta, ed è meglio che tu lo sappia.

- Se sei un genitore con più figli, evita di occuparti troppo di uno di loro a scapito degli altri. Cerca di capire come mai ti identifichi con uno dei tuoi figli in particolare.
- Quando ripensi alla tua adolescenza, ti rendi conto che l'atteggiamento di sfida nei confronti dei genitori è un aspetto fondamentale dello sviluppo e della crescita? Se hai spesso a che fare con gli adolescenti, faresti meglio a tenerlo sempre presente.

## La competitività nella vita quotidiana

Un sano spirito di competizione è positivo. Può essere incanalato nei gruppi di lavoro e all'interno della famiglia per stimolare la crescita e il miglioramento. Se hai ottenuto un codice blu in questo settore, corri il rischio di cadere in un comportamento troppo competitivo, che può degenerare nel desiderio di impedire la crescita di un rivale, o persino di danneggiarlo per ottenere una vittoria. È l'equivalente di allungare la gamba durante la corsa. Nella sua forma più estrema, può manifestarsi nel bisogno di infliggere un danno fisico all'altro. O, in casi meno gravi, di cancellarli dai tuoi social media.

Nel mondo del lavoro, è piuttosto normale aspettarsi che le aziende di successo siano piene di impiegati altamente competitivi. Tuttavia, si tratta di una visione limitante. Una persona troppo competitiva può, per esempio, sentirsi minacciata alla sola idea di avere dei colleghi veramente in gamba e per questo essere propensa ad assumere degli incapaci. I componenti di un team troppo competitivo possono finire per danneggiarsi a vicenda, limitando così le possibilità di crescita degli altri membri della squadra. Non di rado gli imprenditori sono ben consci del loro elevato spirito di competizione e lo tengono sotto controllo lavorando in solitudine, così da evitare il problema di avere un rivale.

Un atteggiamento di eccessiva rivalità sul lavoro è in genere piuttosto facile da individuare, ma ci sono altre situazioni nelle quali può manifestarsi in modo più sottile. I bambini non di rado lo dimostrano andandosene via: creano scompiglio nel gruppo e poi se ne vanno, dicendo: «Basta, non gioco più». Lo stesso può accadere sul posto di lavoro, traducendosi in frasi come: «Con te non ci lavoro più», per esempio, o abbandonando una riunione sul più bello.

Anche nello sport, chi è mosso da eccessiva rivalità farebbe meglio a contenersi. Gli atleti di alto livello mostrano spesso dei tratti altamente competitivi, ma l'allenamento e l'esperienza permettono loro di canalizzare lo spirito competitivo così da poterlo usare nella maniera appropriata: la rivalità tra due squadre è più utile di quella tra i giocatori della stessa squadra. A volte capita di vedere come una spintarella sul campo degeneri in una rissa. Il cartellino rosso in quel caso serve a introdurre la giusta dose di controllo esterno.

In una relazione, uno dei due partner potrebbe voler avere sempre l'ultima parola, ed è possibile che all'altro vada bene così (vedi il *Case study*: "La coppia rivale", p. 63). Ma persino all'interno di una coppia ben assortita, o tra amici, la rivalità è una delle cause più comuni di attrito.

Può dunque presentarsi la situazione in cui uno dei due partner esce a cena con un gruppo di amici. L'altro, benché abbia scelto volontariamente di rimanere a casa, continua a tempestarlo di telefonate per una serie di "urgenze": «Le chiavi le hai lasciate a casa di proposito?», «Sai per caso dov'è finito l'orsacchiotto di Giacomo?», «È giusto per dirti che ha chiamato tua madre» e via dicendo, così che in un brevissimo lasso di tempo accadono almeno sei cose "urgenti" che devono per forza essere comunicate. E il partner che è fuori a cena, invece di tracciare una netta linea di demarcazione, continua a rispondere al telefono, e a infastidirsi sempre di più, col risultato che alla fine entrambi sono di pessimo umore. Ecco, questo è un esempio di come si possa "far fuori" un rivale: ci si intromette, benché si abbia scelto di non partecipare alla serata. Capita di frequente che ci siano relazioni nelle quali uno dei due partner teme di essere escluso mentre l'altro teme le intrusioni. Chi teme le intrusioni tende a escludere l'altro, anche minimamente, per sentirsi più al sicuro. Ma così facendo genera in chi già di suo teme di essere escluso il desiderio sempre maggiore di intromettersi!

All'inizio di una relazione, telefonate e messaggi costanti fanno parte della normale "follia" dell'innamoramento. Ma se questo modello di comportamento continua, può essere indice di un'eccessiva rivalità piuttosto che di amore. Ti piace vincere, e lo sai, ma ci vuole vera generosità per permettere alla tua/al tuo partner o ai tuoi amici di spuntarla nei momenti in cui ne hanno bisogno. Se non riesci a smettere, chiediti se a spronarti è l'amore o la rivalità. Prova a osservarti mentre "uccidi i rivali" simbolicamente per capire come mai ti comporti così, piuttosto che accampare scuse su scuse.

### Case study: La coppia rivale

Una coppia che si è sottoposta al test del Codice Cambridge ha raccontato che, durante uno dei loro primi appuntamenti, erano andati a fare una gita al mare. Quando hanno scavallato la cresta di una collina, si è presentata loro la vista del litorale. «Che spettacolo!» aveva detto Ben, entusiasta come al solito. «Sì, ma l'ho vista prima io» ha risposto Joanna (non a caso, un'atleta di alto livello).

Le persone che non lasciano uscire il proprio partner a cena con gli amici potrebbero, inconsciamente, volersi sbarazzare dei rivali. Invece di dire: «Vai e divertiti con i tuoi amici, stasera sono stanco/a» oppure: «Vengo con te, mi piacerebbe che diventassero anche amici miei», manipolano la situazione per fare in modo che il partner non abbia una vita al di fuori di quella che condividono loro due. A motivarli è la paura di non riuscire a battere i rivali, ma alla fine la relazione ne risente e la battaglia è comunque persa.

Le persone sono spesso ben consce del proprio spirito competitivo. Non si tratta tanto del colore del tuo settore, quanto del controllo che intendi esercitare su di esso. In certe situazioni, potresti scegliere consciamente di reprimere il tuo spirito competitivo per timore che possa non piacere agli altri. Questo potrebbe portarti a prendere le distanze dagli eventi, a osservarli con distacco invece di parteciparvi. In altre circostanze, potresti riconoscere che ti stai prendendo a cornate con un rivale e scegliere di modificare il tuo comportamento. Durante la corsa, allunghi la mano, non la gamba.

**Case study: I fratelli Freud**

Si racconta che Clement e Lucian Freud, i nipoti del famoso psicanalista Sigmund Freud, abbiano rotto i rapporti a causa di una gara di corsa quand'erano ragazzi. Secondo una versione della storia, Clement era in testa e Lucian si è messo a gridare: «Al ladro! Al ladro!», al che un passante ha fermato Clement e Lucian ha vinto. La disputa su chi fosse il vero vincitore si è poi trasformata in un contrasto durato tutta la vita. Non proprio un caso particolarmente felice di rivalità.

## Se il codice della tua competitività è verde

Un verde in questo settore indica uno spirito competitivo equilibrato. Sei in grado di competere per ottenere un risultato, ma sei altrettanto capace di lavorare in un team o di stare in una relazione senza essere troppo competitivo con i tuoi pari. Non ti senti minacciato dal successo degli altri e sei capace di incoraggiarli e di aiutarli a fare sempre meglio.

*La competitività nelle relazioni – verde*

Sei equilibrato in questo settore, ma è importante che tu ti renda conto che il tuo/la tua partner o i tuoi amici potrebbero non esserlo. Fai caso alle questioni che un partner o un amico con un senso della rivalità più spiccato potrebbero sollevare.

APPROFONDISCI

- Sai trovare il giusto equilibrio tra i tuoi desideri e quelli degli altri?
- Sai accettare una certa dose di sano conflitto tra te e chi ti sta vicino?
- Senti che la tua condotta equilibrata nuoce alla tua creatività?

CONSIGLI

- Può darsi che gli altri siano invidiosi del tuo equilibrio e potresti aver bisogno di gestire bene i sentimenti che ciò suscita in te.
- I conflitti sani sono il tuo forte: usali il più possibile.
- Vai in cerca delle situazioni nelle quali puoi esprimere la tua creatività assumendoti dei rischi.

*La competitività in famiglia – verde*

Benché tu sia una persona non eccessivamente competitiva, non potrai evitare di imbatterti in certi esempi di competitività all'interno del nucleo familiare, perché fanno parte delle sue normali dinamiche. Se hai figli o fratelli e sorelle molto competitivi, potrebbe esserti d'aiuto cercare di capire le gelosie che stanno alla base dei loro comportamenti.

APPROFONDISCI

- Quali esperienze di rivalità hai avuto con i tuoi fratelli o le tue sorelle?
- Difendi adeguatamente le tue posizioni all'interno della famiglia? Anche con i tuoi fratelli, figliastri, parenti acquisiti ecc.?
- Pensi che siano gli altri membri della famiglia quelli "strani"?

CONSIGLI

- È comprensibile che tu voglia essere l'arbitro, posizione invidiabile, ma ogni tanto prova anche a giocare.
- Dare la mano alla fine di una partita aiuta a gestire le sensazioni che accompagnano vittorie e sconfitte. Riesci a trovare un gesto equivalente nelle discussioni che avvengono in famiglia?
- Fa' attenzione a non reprimere il tuo umorismo e a non rinunciare a divertirti per mantenere a tutti i costi l'equilibrio familiare.

*La competitività sul posto di lavoro – verde*

Possedere un sano spirito competitivo ti rende l'impiegato ideale. Sarai capace di assumere persone adeguate a seconda del ruolo che devono ricoprire e saprai dare il giusto contributo allo sviluppo di un progetto. Incontrerai però qualche difficoltà a interagire con i colleghi troppo competitivi.

APPROFONDISCI

- Al lavoro, ti mostri sempre intraprendente?
- In che misura riesci a far valere la tua opinione davanti ai colleghi?

- Come reagisci quando hai a che fare con i colleghi più competitivi?

CONSIGLI
- Impegnati e competi di più al lavoro, così facendo la tua produttività potrebbe aumentare.
- Potresti aver bisogno di incentivare la rivalità tra colleghi all'interno di un team più di quanto normalmente reputeresti accettabile.
- Se necessario, chiedi consiglio o intraprendi un corso di formazione su come ottimizzare le dinamiche di gruppo.

### Se il codice della tua competitività è blu

La competitività è un elemento predominante del tuo carattere. Sei una persona determinata, vuoi avere successo, a volte persino a scapito degli altri. Hai molte probabilità di riuscita nelle imprese individuali e nelle attività sportive, ma potresti aver bisogno di impegnarti a fondo per lavorare bene in squadra o per guidare un team. Occasionalmente, il tuo spirito competitivo può creare frizioni all'interno della famiglia e tra te e i tuoi cari.

*La competitività nelle relazioni – blu*
Vuoi avere sempre ragione? Devi avere sempre l'ultima parola? Fai di tutto per ottenere l'attenzione esclusiva del tuo partner? A volte ti capita persino di entrare in competizione con lui/lei per l'amore e l'attenzione di tuo figlio? Questi scenari hanno due risvolti: cercare di

accaparrarsi l'attenzione e fare in modo che gli altri non la ricevano. Si tratta di sbarazzarsi dei rivali più che di procurarsi l'affetto.

**Case study: Il nonno competitivo**

Una giovane donna va a trovare la madre e porta con sé il figlio, che è il suo primogenito. Il bambino è insofferente, così la nonna suggerisce di andare a fare un giro al parco. La figlia è d'accordo e va a prendere il passeggino. La nonna intanto chiede al nonno se vuole unirsi a loro. Sulle prime lui sembra entusiasta e mette giù il giornale. Arrivati alla porta di casa, però, sembra inciampare sulla soglia e chiede di essere aiutato a tornare sulla sua poltrona. La moglie gli prepara un tè e si prende cura di lui, mentre la figlia esce da sola con il bambino.

APPROFONDISCI

- Vuoi avere sempre ragione? Devi avere sempre l'ultima parola?
- Se il tuo/la tua partner uscisse per la serata con un gruppo di amici, ti sentiresti escluso/a? Troveresti una scusa per disturbarlo/a durante la serata?

Oppure

- Ti sottrai alle situazioni conflittuali perché ti spaventano?

CONSIGLI

- Non avere paura di cercare le persone che ti mettono alla prova. Se anche fosse molto difficile averci a che fare, alla fine potrebbe risultare stimolante.
- Ricordati che le amicizie del tuo/della tua partner sono importanti. Vedi se riesci a trovare il modo di gestire la tua comprensibile gelosia.
- Se in genere ti sottrai ai conflitti, cerca di avere meno paura della tua competitività nascosta e fatti valere.

*La competitività in famiglia – blu*

I genitori che ottengono un blu come risultato in questo campo potrebbero non entrare in un rapporto conflittuale con i propri figli finché questi sono piccoli, perché non si sentono minacciati da loro. Tuttavia, i conflitti potrebbero insorgere quando i figli entrano nell'adolescenza e cominciano a lottare per un posto nel mondo degli adulti, perché a quel punto possono essere percepiti come rivali.

Nelle famiglie giovani e in crescita, i bambini possono essere troppo competitivi gli uni con gli altri perché cercano di accaparrarsi l'attenzione dei genitori. Capita per esempio che un figlio metta la testa tra i due genitori, o tra un genitore e qualcun altro, per bloccare il rivale.

Quando abbiamo a che fare con dei bambini in competizione tra loro, dobbiamo cercare di ricordarci e di comprendere l'invidia inconscia che provavamo noi da piccoli, così da poter capire le cause delle rivalità tra i nostri figli. Come ti poni verso i tuoi figli? Li tratti come se fossero creature fragili? Come se dovessero togliersi di mezzo perché tu possa ottenere ciò che vuoi? Prova a modificare il modo in cui reagisci al loro comportamento, aiutali a identificare i sentimenti incontrollabili che si agitano dentro di loro, a dar loro un nome, e fallo con empatia da genitore alla quale possano rispondere. Ricordati che gli adolescenti stanno cercando una loro autorità. La reazione di un genitore davanti a questa situazione deve essere radicata nello stesso terreno dell'adolescente, il quale non deve mai essere percepito come un rivale.

APPROFONDISCI

- Ti capita di sentirti troppo coinvolto/a e di essere eccessivamente emotivo/a quando assisti a una competizione, come una gara sportiva, alla quale partecipa, per esempio, tuo figlio o il tuo/la tua partner?
- In quanto genitore, ti contenderesti mai l'attenzione e l'affetto dei tuoi figli con il tuo/la tua partner?
- Ti ritrai e ti autoescludi piuttosto che rivendicare la tua parte di amore familiare?

CONSIGLI

- Fa' attenzione a non esagerare con l'incoraggiamento a bordo campo (vedi il *Case study*: "Il genitore a bordo campo", pp. 72-73).
- Gli adolescenti stanno imparando a gestirsi da soli. Per loro stai diventando un rivale. Scegli di non accettare questo ruolo.
- Impara a gestire le tue gelosie e invece di escluderti fai di tutto per essere partecipe.

*La competitività sul posto di lavoro – blu*

Il tuo spirito competitivo può essere una vera risorsa in un team, ma potresti avere la tendenza a cercare di eccellere a spese degli altri. Corri il rischio di non assumere altre persone eccellenti per timore di essere messo/a in ombra.

La domanda da porsi è se il tuo livello di competitività ti lascia una sensazione di solitudine o di appartenenza. Se riesci a sentirti un individuo anche all'interno di un gruppo, allora è facile che proverai una sensazione di appartenenza. Viceversa, se far parte di un gruppo ti fa sentire oppresso/a, l'unica via di uscita è andartene o eliminare la concorrenza. Devi cercare un ambiente diverso, dove ti sia possibile sviluppare le tue qualità, ma questo ti farà sentire solo/a perché ti mancherà il senso di appartenenza a un gruppo.

Se durante le riunioni di lavoro qualcuno si alza sempre per andare in bagno quando la discussione si fa accesa, il team sarà indebolito perché per arrivare a una decisione ha bisogno della partecipazione e del consenso di tutti i membri. Tuttavia, la persona che si alza e se ne va probabilmente si sentirà sola e tornerà nel gruppo. Ma il gruppo potrebbe non fidarsi più di lei e non affidarle più ruoli chiave perché la reputerà capace di disgregare il team. Il suo potenziale potrà anche in questo caso non riuscire a esprimersi perché le saranno precluse determinate strade.

Ciò non significa affatto che una persona con queste caratteristiche non possa avere successo nella vita; al contrario, potrà averne parecchio, ma in genere soltanto in un ambiente dove per riuscire non è necessario interagire costantemente con i colleghi, dove potrà lavorare senza dover rendere conto a nessuno.

La sana competitività tra pari o all'interno di un team è importante, ma essere troppo competitivi può avere degli effetti indesiderati. L'eccesso di competitività può renderti incapace di assumere personale altamente qualificato, con conseguente impatto negativo sulla rendita del tuo team.

APPROFONDISCI

- Tendi ad accollarti tutto il lavoro perché "nessun altro può farlo altrettanto bene"?
- Il tuo livello di competitività ti fa sentire isolato/a?

Oppure

- Tieni nascosta la tua competitività perché temi che gli altri possano giudicarti male?

CONSIGLI

- Non avere paura di chiedere consiglio quando si tratta di assumere persone che sono al tuo livello.
- Cerca di puntare a dare il meglio di te invece di paragonare sempre i tuoi risultati a quelli degli altri.
- Ammazzarsi di lavoro può essere un modo per celare la competitività che non si osa mostrare in nessun altro modo. Cerca di evitarlo.

**Case study: Il genitore a bordo campo**

I genitori troppo competitivi possono incorrere nel pericolo di vivere la loro competitività in modo vicario attraverso le attività dei propri figli, per esempio nelle gare sportive.

Una ex giocatrice di hockey la cui figlia faceva parte della squadra di hockey della scuola, la accompagnava sempre alle partite e la incoraggiava da bordo campo, urlandole i suoi consigli. Alla figlia piaceva molto giocare, ed era anche brava, così la madre era rimasta parecchio sorpresa quando la ragazzina le aveva detto che voleva smettere. Qualche mese dopo, quando il campionato era ormai finito, la figlia le spiegò che in realtà non aveva mai smesso. Aveva soltanto deciso di andare alle partite da sola, perché non sopportava più di sentire la madre che urlava ai giocatori e all'allenatore i suoi consigli sulla tattica da adottare.

## 10. Resilienza

*Nelle situazioni difficili della vita – un lutto, un licenziamento, un divorzio – sei il genere di persona che tira dritto, come se niente fosse? O ti lasci andare e crolli, senza riuscire ad andare avanti?*

*Oppure elabori il lutto, vivi il tuo dolore ma cerchi anche il modo di uscirne trovando un nuovo equilibrio dentro di te?*

Se sei il genere di persona che sa prendersi il tempo per vivere il lutto, che è in grado di abbandonare un vecchio modo di essere e di trovarne uno nuovo per andare avanti, sei resiliente; è probabile che tu abbia avuto un'infanzia caratterizzata da un attaccamento positivo, un legame emotivo tra persone che resiste nel tempo e nello spazio e che ora ti permette di entrare in relazione con gli altri in modo significativo. Questo succede quando la persona che ti accudisce durante i primi anni ti aiuta a sviluppare un nucleo interiore solido.

Facciamo un esempio: una donna seduta al tavolino di un bar affollato sta aspettando che le servano il pranzo. Qualcuno urta il cameriere, il quale le rovescia la zuppa calda sul braccio. La donna si ritrae urlando, straccia la manica del vestito e si versa sul braccio tutta la bottiglia d'acqua che aveva sul tavolo. Insiste affinché il proprietario del locale chiami un'ambulanza che la porti al pronto soccorso e, benché non si sia fatta quasi niente, si mette in malattia per due settimane.

Ora proviamo invece a immaginare una donna che, nelle stesse circostanze, si pulisce con il tovagliolo, tira su la manica per vedere se si è scottata davvero e, accortasi che non è niente di grave, rifiuta cortesemente di essere accompagnata in ospedale. Quando si parla di cervello resiliente ci si riferisce al modo in cui reagiamo a un ostacolo o alle avversità. Le nostre reazioni sono appropriate? Quanto in fretta ci riprendiamo? La donna del primo esempio dimostra scarsa resilienza.

Essere resilienti significa riprendersi bene da una "caduta", che si tratti del caffè bollente versato sul nostro vestito nuovo di zecca o di inciampare davanti a una platea gremita. Se ottieni un blu nella resilienza, è probabile che ti risulti difficile gestire queste situazioni o che tu ti riprenda immediatamente senza avvertirne gli effetti inconsci. In quest'ultimo caso abbiamo a che fare con una resilienza esagerata, ed è probabile che a cinque anni di distanza dall'accaduto la "caviglia slogata" mentale ceda sotto il tuo peso. È un aspetto da non sottovalutare soprattutto quando si è genitori. Se quando abbiamo un cedimento dal punto di vista mentale – per esempio, durante una lite con il nostro/la nostra partner – siamo capaci di riprenderci, di riflettere sull'accaduto e di trarne una lezione, allora anche i nostri figli impareranno qualcosa. Ci sentiranno parlare delle emozioni. Ma se l'unica soluzione è far finta che non sia successo nulla, il loro vocabolario emotivo non avrà modo di svilupparsi.

Se il genitore si comporta da duro, è molto probabile che sarà il bambino a addossarsi il carico emotivo e faticherà sotto questo peso. Se siamo capaci di elaborare il lutto per ciò che abbiamo perso durante una "caduta" – perché la persona che si rialza è sempre diversa da com'era prima di cadere – riusciremo allora a adattarci a un nuovo modo di stare al mondo. Se perdiamo qualcuno, possiamo piangerne la perdita e con essa il cambiamento che avviene dentro di noi, e venirne fuori dall'altra parte. Saremo persone leggermente diverse, ma autentiche. Viceversa, quando non siamo abbastanza resilienti non riusciamo a lasciare andare la persona che eravamo, ci rifiutiamo di cambiare. La persona che eravamo è una componente fondamentale di noi e non riusciamo a distaccarcene. Ma tutti dobbiamo cambiare, diventare altro da ciò che siamo, adattarci. Nell'adolescenza, quando capita di essere lasciati dal ragazzo/dalla ragazza, alcuni si riprendono ma altri hanno la sensazione che gli sia cascato il mondo addosso, perché non riescono a elaborare il lutto per la parte di sé che hanno perduto e diventare una persona autentica – seppur lievemente diversa – in seguito a quell'esperienza. Vogliono rimanere come sono.

Prima abbiamo fatto l'esempio di un oratore che inciampa e cade mentre sale sul palco. La giusta resilienza in questo caso si esplicita nella capacità di rialzarsi, ammettere di essere caduti, controllare di non essersi fatti male, consentire agli altri di aiutarci, rientrare in uno stato mentale adulto e continuare quello che si stava facendo; oppure, se ci si è fatti male, reagire di conseguenza e, per esempio, andare in ospedale. La mancanza di resilienza si manifesta invece nell'incapacità di rimettersi in piedi, anche se non ci si è fatti niente. E magari prendersi anche qualche giorno di malattia sul lavoro. L'eccessiva resilienza sta invece nel far finta di niente, rialzarsi al volo, non controllare se ci si è fatti male davvero e rifiutarsi di lasciarsi aiutare, per poi scoprire tre settimane dopo che ci si è fratturati la caviglia, col risultato di dover saltare il lavoro per tre settimane.

## Da dove viene la resilienza?

La resilienza nasce nei primi anni di vita e comincia con lo svezzamento. I bambini che devono essere svezzati in fretta e all'improvviso, per qualsiasi ragione, a volte avvertono un profondo smarrimento. Potranno crescere eccessivamente resilienti, perché hanno dovuto sviluppare troppo presto dei meccanismi di difesa, quando non erano ancora in grado di gestire la sensazione di vuoto che provavano e il dolore che ne è derivato; oppure diventare fragili, perché la loro costante ricerca di qualcosa che non riescono a trovare rende più difficile colmare il senso di abbandono. Lo svezzamento improvviso non è di per sé un fattore negativo: ci sono diversi modi per far sì che non abbia ripercussioni sulla crescita di un bambino. Ma se durante l'infanzia le cose belle della vita finiscono sempre di colpo, invece di essere ridotte gradualmente e rimpiazzate via via da qualcosa di nuovo, la situazione si complica. E se questo paradigma si ripete in età adulta, e da bambini non si ha avuto la possibilità di imparare a confrontarsi con la perdita, incorporarla, elaborarla e proseguire, le difficoltà aumentano ulteriormente. La resilienza è la capacità di provare dolore e di riprendersi.

Il settore della resilienza si sviluppa ulteriormente quando il bambino comincia a fare i primi passi e il genitore gli insegna il linguaggio emotivo appropriato per affrontare incidenti, infortuni e disavventure. Prendiamo per esempio un bambino di quattro anni che cade e si sbuccia un gomito perché un suo compagno di giochi lo ha spinto a terra. Mentre singhiozza seduto sulle tue ginocchia, lo conforti e lo rassicuri: «Ah, deve farti proprio male, fammi vedere... Va be', non è poi così grave. Ti sei spaventato, ma il tuo amico non l'ha fatto apposta. Ti aiuto ad alzarti così guardiamo bene cosa ti sei fatto?». È questo tipo di reazione che aiuta il bambino a costruire un vocabolario e una risposta emotiva proporzionata al dolore che prova.

I bambini piccoli hanno bisogno di sapere che la risposta emotiva che viene data a un determinato evento è proporzionata alla situazione reale. Le cose cominciano a prendere una brutta piega quando la persona che si prende cura di loro reagisce in modo esagerato, trasformando un piccolo incidente in una catastrofe, perché l'uso di un vocabolario eccessivamente carico di emotività li confonde. Oppure quando non reagisce abbastanza, minimizzando sempre il loro dolore fisico e mentale. Quando ci si trova davanti a una situazione difficile, è necessario prendersi il tempo per valutare bene le circostanze e suggerire al bambino come districarsi tra le conseguenze fisiche di ciò che è accaduto e le relative emozioni. È l'equivalente emotivo di insegnare a un bambino come si attraversa la strada.

All'inizio lo portiamo in braccio. Poi attraversiamo insieme a lui, tenendolo per mano e facendogli notare la velocità delle macchine. In seguito, gli camminiamo a fianco, svelti ad afferrarlo se necessario. Successivamente, stiamo a guardare, ansiosi, dal marciapiede, pronti a urlargli: «Fermati, guarda, vai!». E infine lasciamo che attraversi da solo.

Mentre il bambino prosegue nel percorso di crescita, osserva e impara dalle discussioni che avvengono in casa quando la famiglia si trova ad affrontare situazioni difficili. A volte sentiamo di dover proteggere i bambini e far finta che i problemi non esistano. Ma per loro è molto più sano osservare le nostre reazioni e imparare il linguaggio emotivo appropriato. I genitori troppo resilienti non discutono mai i problemi, ci passano sopra, ma così facendo non offrono ai figli l'opportunità di imparare e, senza volerlo, invece di farli diventare robusti quanto loro, finiscono per renderli poco resilienti. In un ambiente domestico dove si parla poco, il bambino rischia di non imparare che riconoscere l'esistenza di un problema è una cosa sana, e che potrebbe essere necessario avviare un processo di adattamento. E può sentirsi solo se nessun altro attorno a lui sembra essere scosso dalle cose che succedono e dalle relazioni che vanno in frantumi. Se perdiamo una persona cara o dobbiamo privarci di qualcosa a cui teniamo, dobbiamo riconoscere che abbiamo subito una perdita e lasciare spazio al dolore che ne consegue. Come si è detto sopra, la resilienza è la capacità di provare dolore e di riprendersi, non di nascondere la propria sofferenza. Il dolore soppresso tornerà quasi certamente a visitarci sotto un'altra forma.

La filosofia del "ma non è niente!" è spesso una facciata che serve a mascherare la paura della sofferenza causata da una perdita e del conseguente cambiamento che richiede tipici della sana resilienza. Gli eventi possono metterci alla prova, causandoci dolore fisico o emotivo, e mentre reagiamo e ci adattiamo alla nostra nuova condizione vediamo emergere una nuova versione di noi stessi. Chi teme questo processo di cambiamento, chi vuole rimanere com'era, rifiuta a livello inconscio di ammettere che la caduta, la perdita, ha modificato le cose. Ma in realtà non c'è modo di sottrarsi, perché ciò che non viene accettato oggi tornerà a farci visita domani. Chi cade e si rialza al volo, facendo finta che la sua caviglia non sia rotta, si troverà quasi sicuramente a farci i conti più avanti.

## La resilienza nella vita quotidiana

Le persone che ottengono un verde in questo settore sono relativamente solide quando si tratta di reagire ai traumi minori. Riescono a valutare le proprie emozioni e capire se devono: a) fare un respiro profondo e mettere su l'acqua per il tè, b) chiedere sostegno agli amici o al partner, o c) cercare un aiuto professionale. Nell'eventualità di un problema più grave, potrebbero farsi prendere momentaneamente dal panico e scivolare in uno stato infantile, ma di solito si riprendono in fretta e tornano al normale stato adulto. Più tardi, quando l'emergenza è passata e sopraggiunge il sollievo, potrebbero sperimentare un periodo di oscillazione lungo la scala: il genitore che rimane calmo e riesce a gestire perfettamente la situazione quando deve portare il figlio in ospedale per un'emergenza, potrebbe accusare il colpo in modi imprevedibili quando le acque si sono calmate. Una volta a casa, potrebbe capitargli di mettere il ferro da stiro in frigorifero o il gatto in lavatrice.

Quando si tratta di affrontare gli eventi più traumatici della vita – come la morte di una persona cara, una separazione, il divorzio dei genitori, o un licenziamento – è necessario un grado di resilienza superiore alla norma. Una persona che ottiene un verde in questo settore è solitamente capace di lasciare spazio al dolore, cercare un posto sicuro e darsi il tempo per riprendersi. Così come serve tempo per guarire da un infortunio fisico, ne serve anche per guarire da un trauma emotivo. Per recuperare il proprio livello di resilienza adulta e la propria stabilità emotiva, a volte basta l'aiuto degli amici, del partner, o dei genitori, a volte invece serve un aiuto professionale, l'intervento di un mentore o di un consulente. Una volta accettato l'aiuto, la persona con una resilienza verde è di nuovo in sella e pronta a ripartire.

PUNTI DA CONSIDERARE

- Incoraggia la tua famiglia a parlare dei problemi che emergono al suo interno. Utilizza un vocabolario emotivo appropriato al livello del trauma o della perdita subiti.
- Da bambino hai mai avuto la sensazione che stesse succedendo qualcosa di male ma che ti stessero tenendo all'oscuro? Nei momenti difficili, parla con i tuoi figli, ma fai anche attenzione a non esagerare.
- Se sei da solo, ricordati di rivolgerti a chi pensi che possieda il linguaggio emotivo adatto per rispondere ai tuoi bisogni.

Chi ottiene un blu in questo settore ha livelli di resilienza inferiori. Un semplice contrattempo può avere effetti sproporzionati e richiedere un tempo di recupero maggiore. Nelle sue manifestazioni più estreme, questo comportamento può trasformarsi in abitudine e diventare difficile da correggere: si presenta un problema, e la persona subisce un trauma emotivo; si presenta un secondo problema, e la persona comincia ad abituarsi e a scambiare questo suo stato per normalità. Cominciare un percorso di recupero può spaventare, e così si preferisce abbandonarsi allo stress emotivo. Un ottimo esempio sono quelle coppie che si lasciano, non riescono a farsene una ragione e si rimettono insieme, perpetuando un ciclo di tensione e sofferenza.

Prendiamo in considerazione le diverse reazioni del settore verde e del settore blu alla notizia di un licenziamento. Il verde accetta la nuova situazione, o si arrabbia; in ogni caso, ne parla apertamente, così che anche i figli possano elaborare la notizia. Le cose cambieranno, in peggio, o in meglio, ma l'intera famiglia si rimetterà in sesto, prendendo una nuova direzione insieme, invece che separatamente. I figli imparano la lezione inestimabile che le difficoltà possono essere superate. Vediamo ora, per contrasto, la reazione del blu. Potrebbe essere preso dal panico: «Non so più cosa fare, dovremo cambiare casa, dovrai andare a lavorare anche tu, non potremo più andare in vacanza» e via dicendo. Purtroppo capita di frequente che l'intera famiglia si assesti sul livello del suo membro meno resiliente e non viceversa; tutti quanti devono allinearsi alla sua fragilità.

Spesso, le persone poco resilienti cercano partner che possiedono la caratteristica opposta: qualcuno che metta loro un braccio sulle spalle, sia fisicamente che mentalmente. È però importante sapere che la resilienza mostrata dal partner può essere una facciata per mascherare la mancanza di quella sicurezza interiore che permette di superare le tempeste. Basti pensare all'eroe archetipico dei film hollywoodiani, capace di affrontare senza paura le situazioni più pericolose per salvare qualcuno in pericolo, ma che poi nella vita quotidiana non sa gestire i normali alti e bassi emotivi di una relazione.

In definitiva, con una sana resilienza possiamo permettere agli altri di essere più o meno resilienti in determinate circostanze. A volte lasciamo spazio agli altri, a volte ci facciamo carico dei problemi; tirarsi sempre indietro o fare sempre un passo avanti è un atteggiamento estremo, che è meglio evitare. Si tratta più che altro di imparare a gestire la paura, la rabbia, l'ansia o la debolezza (la caduta) senza escludere gli altri.

**Case study: Essere presi dal panico**

Una chirurga abituata a decidere su questioni di vita o di morte racconta di come sia stata presa dal panico quando ha dovuto chiamare un'ambulanza perché suo figlio era in preda alle convulsioni. Batteva ripetutamente sui tasti del telefono senza però riuscire a prendere la linea. Un'amica presente le ha preso gentilmente l'apparecchio di mano e ha digitato il numero corretto.

Benché sul lavoro mostrasse sempre un'altissima resilienza con i propri pazienti, quando a essere in pericolo è stata la vita di suo figlio la madre è precipitata al gradino più basso della scala in un batter d'occhio.

## Se il codice della tua resilienza è verde

Sei naturalmente resiliente. Ti rimetti in piedi dopo una crisi e sei una persona su cui si può contare nelle situazioni difficili. Ti adatti bene allo stress, ma è importante che tu ti renda conto che non puoi gestire un numero infinito di avversità. Cerca di ascoltare il tuo barometro emotivo interiore e, all'occorrenza, di sviluppare delle strategie per creare lo spazio e il tempo necessari a ripristinare il giusto equilibrio nella tua sfera emotiva.

Sai guardarti dentro, valutare il tuo stato mentale e trovare le risorse interiori di cui hai bisogno per essere sano e felice. Il cervello con una resilienza verde fa sì che quando ci si sveglia al mattino, indipendentemente dall'umore in cui ci si trova, si riesca a pensare a cosa ci serve per regolare la nostra temperatura emotiva, che sia una tazza di caffè, due chiacchiere con un amico, o recarsi all'ospedale.

*Resilienza nelle relazioni – verde*

Nelle relazioni di lungo corso, è la resilienza della coppia che conta. Benché entrambi i partner possano essere due individui naturalmente resilienti, ci saranno occasioni nelle quali, a volte insieme, a volte no, si sentiranno svuotati. Se hai ottenuto un verde significa che sei una persona capace di supportare il tuo/la tua partner e i tuoi amici nei loro alti e bassi. Hai le spalle larghe abbastanza da poter entrare in relazione con persone meno resilienti di te.

APPROFONDISCI

- Quanto spesso chiedi aiuto agli altri?
- Quando hai a che fare con persone meno resilienti, ci fai caso?
- Il tuo naturale equilibrio ti trattiene dall'esplorare il tuo lato più "poetico"?

CONSIGLI

- Impara a riconoscere quando la resilienza della coppia è sotto pressione. Parla, ascolta, prenditi una pausa.
- Non dimenticarti che è la resilienza comune che conta; tendi le antenne per capire quando gli altri hanno bisogno di una spalla a cui appoggiarsi.
- La moderazione non lascia molto spazio alla passione: pensaci ogni tanto.

*Resilienza in famiglia – verde*

Poiché sei una persona resiliente, sarai un buon esempio in famiglia di come si possa raggiungere un sano equilibrio in questo settore. Quando i tuoi figli, i tuoi genitori, i tuoi fratelli o le tue sorelle avranno bisogno di aiuto potranno fare affidamento su di te. Tenderai ad assumere il ruolo di colonna portante, ma ricordati che il peso che puoi sostenere non è infinito.

Non dimenticare che la resilienza dipende anche dall'età. Gli adolescenti e i ventenni sono spesso all'apice delle loro capacità fisiche e mentali e quindi più resilienti, perché devono poter recuperare rapidamente e iniziare a ricostruire. Non è quindi un caso che la maggior parte delle persone che sopravvivono meglio ai disastri rientrino in quella fascia d'età: i giovani adolescenti spesso sono ancora troppo fragili, mentre chi ha superato i trenta è già vecchio abbastanza per non avere più lo stesso desiderio di andare avanti. Più invecchiamo più diventiamo nervosi e riluttanti a correre dei rischi, in parte perché prima dei trent'anni la nostra capacità di provare empatia non si è ancora del tutto sviluppata. A eccezione di chi ha problemi di salute, la maggior parte dei giovani avverte una forte spinta in avanti ed è ancora abbastanza duttile da riuscire a forgiarsi una nuova vita a partire dalle macerie.

APPROFONDISCI

- Pensa ai tuoi familiari: dove si trovano sulla scala della resilienza?
- Quanto ti condizionano gli alti e bassi della tua famiglia?
- Ascolti veramente la tua parte emotiva?

CONSIGLI

- Presta attenzione a chi è meno resiliente di te. Per i tuoi familiari potrebbe essere più difficile adattarsi a un cambiamento di quanto non lo sia per te, e potrebbero avere bisogno di parlarne.
- Sii prudente quando ti trovi tra molte persone meno resilienti di te: anche chi è nel settore verde può cedere quando la pressione è troppo alta. Sei la persona che deve resistere.
- Pianifica in anticipo come aiutare i meno resilienti nelle normali vicissitudini della vita, per esempio un trasloco, un nuovo lavoro, il distacco dalla famiglia.

*Resilienza sul posto di lavoro – verde*
Ti viene naturale reagire e rimetterti in piedi. Sai adattarti alle situazioni lavorative stressanti e riprenderti bene dai fallimenti. Il tuo livello di resilienza fa di te il collega ideale all'interno di un team e il sostegno che saprai dare agli altri verrà apprezzato. Sai navigare bene in acque turbolente anche da solo. Tuttavia, quand'è necessario, sai chiedere, e accettare, l'aiuto degli altri.

APPROFONDISCI

- Sai di essere resiliente?
- Sfrutti appieno la tua resilienza e ci dai dentro? Ti metti sufficientemente alla prova?
- Sei abbastanza attento a chi sul posto di lavoro è meno resiliente?

CONSIGLI

- Renditi conto che la tua resilienza è una vera e propria manna, per te e per chi ti è vicino.
- Non avere paura di proporti per nuovi lavori o nuovi incarichi, per quanto diversi o impegnativi possano essere.
- Cerca di prevedere le crisi di colleghi e impiegati che si profilano all'orizzonte. Incoraggia il counseling e l'uso di canali appropriati per la gestione dello stress.

## Se il codice della tua resilienza è blu

A volte avrai bisogno di più tempo del solito per riprenderti da un trauma. Se impari a riconoscere la tua vulnerabilità, riuscirai anche a intraprendere il giusto percorso per migliorare il tuo benessere. Ricorda che la tua fragilità ha il pregio di renderti sensibile alle vulnerabilità degli altri. Può darsi che tu sappia di essere vulnerabile e sappia anche come nasconderlo in certi frangenti della vita. Fai però attenzione a non esagerare, potresti farne le spese.

Alcune persone sono così dure che sembrano essere sempre in modalità di sopravvivenza, chiuse emotivamente solo per poter andare avanti. Quando siamo così, gli altri fanno fatica a capire cosa proviamo e, di conseguenza, a entrare in relazione con noi. All'estremo opposto, ci si sveglia ogni mattina chiedendosi se si riuscirà ad arrivare a fine giornata. A volte dipende dal fatto che non si è riusciti a creare il proprio genitore interiore positivo, quella parte di noi stessi che ci dà una mano durante la giornata. Se è il tuo caso, prova a parlare a te stesso, con gentilezza. Non drammatizzare. Punta a sviluppare uno stato mentale più saldo, nel quale riesci ad ammettere, senza crollare, che qualcuno possa tradire le tue aspettative, nel quale puoi pensare che te la caverai bene anche da solo. Comincia col tenere sotto controllo la tua temperatura emotiva e, quando si alza, cerca di riportarla al suo livello normale.

Affrontare dei rischi calcolati per cercare di raggiungere un obiettivo è indice di sana resilienza: il rischio che si corre ad attraversare la strada per andare a prendere il latte è accettabile; ma se mentre la si attraversa ci si mette a fare lo slalom tra le macchine, allora si stanno sfidando i pericoli della strada. Quando è il pericolo a darci piacere, significa che ci manca una sana resilienza interna, perché per sentirci vivi dobbiamo sfidare la sorte.

Può essere vero anche il contrario: per certe persone,

il solo fatto di attraversare la strada è diventato nella loro mente un rischio così grande che non mettono più piede fuori di casa per paura che possa succedere qualcosa di grave, a loro o a qualcun altro. Questa forma di agorafobia è strettamente legata alla resilienza. Il bisogno di correre, o di non correre, rischi può manifestarsi in tutto, dalle relazioni all'uso di alcol e droghe.

Anche la mania dell'ordine o il disordine eccessivo sono parametri della resilienza. Ricorderai sicuramente che nell'introduzione abbiamo parlato di "impalcatura interna". Le persone che soffrono di DOC (disturbo ossessivo-compulsivo) devono costruirsi un'impalcatura esterna perché faticano a crearsi una struttura interiore. Come si è detto, coloro che hanno menti caotiche tendono a vivere nel disordine totale per far sì che il loro mondo interiore e quello esteriore coincidano. Lasciano che la loro mancanza di struttura interiore domini anche il mondo esterno. Diversamente, si sentirebbero spaesati.

*Resilienza nelle relazioni – blu*

Benché in genere tu riesca a gestire bene i normali alti e bassi della vita quotidiana insieme al tuo/alla tua partner, tendi ad andare in crisi quando le questioni si fanno più gravi. Cerca il sostegno di un/una partner e di amici più resilienti di te.

APPROFONDISCI

- Ti vedi come una persona che fatica a gestire gli alti e bassi della vita?
- Le tue relazioni e le tue amicizie ne risentono quando ti scontri con un problema?

Oppure

- Quando entri in modalità di sopravvivenza diventi così duro/a e impenetrabile che nessuno riesce più a relazionarsi con te?

CONSIGLI

- Impara a essere sincero/a con il tuo/la tua partner e ammetti la tua scarsa resilienza, ma non usarla come scusa.
- Non perdere mai di vista il tuo barometro emotivo. Sviluppa strategie che ti permettano di trovare il tempo e gli spazi protetti necessari al processo di ripresa.
- In una relazione, mostrare eccessiva resilienza e chiudersi in sé possono far sentire escluso/a il tuo/la tua partner.

*Resilienza in famiglia – blu*

Ci saranno circostanze nelle quali avrai bisogno del sostegno delle persone che ti stanno vicine. Ma sarai anche capace di comprendere a fondo le debolezze degli altri membri della famiglia meno resilienti e questo potrà essere loro d'aiuto. La fragilità che ti ha così spesso fatto sentire inadeguato ti permette di empatizzare con chi si trova nella tua stessa condizione.

APPROFONDISCI

- Pesi troppo sui familiari più giovani quando stai attraversando un periodo difficile?
- Reagisci in modo esagerato quando ai tuoi figli capita un piccolo incidente?

Oppure

- Senti che puoi resistere a qualsiasi cosa ti capiti, al punto da diventare inaccessibile?

CONSIGLI

- Cerca di crearti una cerchia di amici al di fuori della famiglia ai quali puoi rivolgerti quando le cose si fanno difficili.
- Cerca di fare in modo che il tuo linguaggio emotivo sia proporzionato alla reale entità di ciò che ti accade.
- Presta attenzione: potresti censurare le tue reazioni legittime al dolore e, di conseguenza, reagire in modo inadeguato.

*Resilienza sul posto di lavoro – blu*

Quando sei in difficoltà fatichi a reagire. Un ostacolo serio può condizionarti profondamente, e magari hai bisogno di tempo e di aiuto per rimetterti. Diversi ambienti lavorativi stanno diventando sempre più aperti e attenti ai problemi degli impiegati e oggigiorno risulta dunque un po' più facile parlare delle proprie difficoltà.

La resilienza è spesso associata alla durezza, ma le persone dure non sempre sono resilienti nella vita di tutti i giorni. Può essere che abbiano dovuto costruirsi un'impalcatura esteriore per essere dei veri duri proprio allo scopo di non far crollare quella interiore. Le persone che per nascita, e grazie all'ambiente in cui sono cresciute, possiedono una solida struttura interiore sono capaci di adattarsi e, in qualsiasi circostanza si trovino, sanno come comportarsi.

APPROFONDISCI

- Porti i tuoi problemi personali sul posto di lavoro? Più di quanto non facciano gli altri?
- Sei a conoscenza delle reti di aiuto disponibili al lavoro?

Oppure

- Non perdi mai un giorno di lavoro, nemmeno quando viene a mancare qualcuno che ti è vicino?

CONSIGLI

- Quando puoi, scegli un ambiente lavorativo in cui ti senti sostenuto.
- Se hai un problema grave, cerca di essere aperto con i colleghi. Potrebbero rivelarsi più comprensivi di quanto tu creda. Fai vedere che sei disposto a usufruire delle possibilità che ti vengono offerte.
- Creati una tua "cassetta degli attrezzi", una serie di interventi o di comportamenti che puoi adottare quando ti rendi conto che non stai reagendo a una crisi in modo adeguato. Rivolgiti a un mentore, a un amico, a un coach.

# 11. Indipendenza

*Fai sempre tutto da solo/a, non chiedi mai aiuto a nessuno perché temi di sembrare incapace o di perdere la tua indipendenza? Credi che se un progetto sta andando storto e lo prendi in mano tu saprai farlo funzionare a meraviglia? Tieni nascosto ogni minimo accenno di bisogno o desiderio perché temi che possano sopraffarti? Sei così duro/a che vivi sempre in "modalità sopravvivenza" e ti chiudi in te stesso/a per poter andare avanti?*

*Oppure sai che ci sono momenti in cui vuoi compagnia o vuoi essere aiutato/a, e altri in cui non lo desideri?*

Considera il seguente scenario: una bambina non sta bene e il genitore la accompagna al pronto soccorso, portando con sé la sorella maggiore. La bambina viene ricoverata, ma la sorella ha paura degli ospedali e non vuole passare la notte lì. Allora il genitore fa un giro di telefonate e trova un amico disposto a badare per la notte alla figlia più grande.

Ma c'è un secondo genitore nella stessa situazione. Benché sappia che la figlia maggiore non vuole fermarsi, chiede al personale di recuperare un materasso extra in modo che tutti e tre possano trascorrere la notte in ospedale. Non gli passa nemmeno per la testa di chiamare un amico per chiedere una mano.

Ecco che ci troviamo di fronte a una persona troppo indipendente, incapace di mettere le necessità della figlia davanti al suo timore di apparire bisognosa di aiuto. Non riesce a telefonare agli amici o ai parenti per farsi aiutare perché, nella sua testa, questo significherebbe ammettere che c'è una falla nel sistema. Molto probabilmente pensa che non disturbare nessuno sia la cosa giusta da fare, e che sia meglio non mostrare di non farcela da sola, perché altrimenti si sentirebbe sminuita. Non ci trova niente di male nel fatto che qualcuno possa chiedere aiuto, e a livello conscio non ha un giudizio negativo nei confronti di chi lo fa, ma da qualche parte nei recessi della sua mente quelli che chiedono aiuto vengono catalogati ed etichettati come "deboli". La persona troppo indipendente non si rende conto che chiedere aiuto è in realtà una cosa molto normale: che in genere le persone sono ben disposte a dare una mano, che il favore può essere ricambiato, e che lo scambio può persino essere piacevole. L'estrema indipendenza può diventare una forma punitiva di esclusione dell'altro, perché le persone che non vengono coinvolte possono sentirsi defraudate della possibilità di fare ciò che sanno fare meglio: rendersi utili. Col risultato che l'individuo troppo indipendente finisce per comportarsi in modo irresponsabile nei confronti di se stesso e del prossimo, figli compresi.

## Da dove viene l'indipendenza?

Mentre il bambino cresce, progredisce passando dalla totale dipendenza dell'infanzia all'indipendenza relativa dell'età adulta. Tutti quanti, quando nasciamo, veniamo staccati dal cordone ombelicale e dobbiamo imparare a riconnetterci progressivamente al sistema nutrizionale che ci mantiene in vita. Allo stesso modo, l'attaccamento emotivo deve progressivamente modificarsi. I nostri legami sono sani quando abbiamo la possibilità di allontanarci per esplorare l'ambiente circostante e di tornare al sicuro quando ci sentiamo spaventati, sopraffatti o stanchi. A ogni stadio dello sviluppo possiamo tollerare un po' più di indipendenza, affrancandoci a mano a mano dalla protezione dei genitori. Chi invece non ha questa opportunità trova più difficile raggiungere e mantenere un sano attaccamento e un sano distacco: è spesso il caso di chi è stato lasciato solo fino a sentirsi sopraffatto, dei bambini a cui viene permesso di spingersi troppo oltre, oppure, viceversa, di chi riceve il messaggio che il mondo è un posto troppo pericoloso e viene eccessivamente protetto.

Una progressione costante e misurata lungo questo percorso consente di sviluppare nell'adulto una salutare miscela di autosufficienza e indipendenza. Il verde in questo settore indica, da una parte, un buon equilibrio tra bisogno di essere accuditi e capacità di entrare in relazione con il prossimo e, dall'altra, quel grado di indipendenza necessario a renderci individui sani.

Il blu in questo settore segnala una tendenza a sminuire, se non a sopprimere del tutto, la sensazione di aver bisogno degli altri, per esempio come risultato del fatto che ci si è sentiti abbandonati da bambini, in particolare nei primi tre anni di vita. A quell'età, tutti quanti crediamo nel profondo che se venissimo lasciati soli non riusciremmo a sopravvivere. È un pensiero talmente spaventoso che può indurci a imparare presto a sopravvivere senza l'aiuto di nessuno. Una volta innescato questo meccanismo, troviamo difficile comportarci diversamente. Ci scostiamo dall'usuale alternanza tra solitudine e comunione che è parte del normale andamento della vita. Molte persone sono capaci di creare legami profondi con gli altri, e benché siano ben coscienti del rischio di accusarne la perdita sanno anche che sopravvivranno al dolore che ne consegue. Le persone troppo indipendenti, al contrario, sono spesso quelle che temono di non riuscire a sopravvivere al distacco. Operano la scelta inconscia di non esporsi a questo rischio, che si manifesta nell'autosufficienza.

L'indipendenza equilibrata di uno stato mentale verde è accompagnata dalla capacità di funzionare in maniera autonoma e poi di tornare a relazionarsi con l'altro. Si è in grado di comprendere a fondo la necessità di interagire con gli altri esseri umani. Il blu, viceversa, è accompagnato dal timore che il bisogno dell'altro possa in realtà distruggere una relazione. Nello specifico, si teme che il desiderio di legarsi a una persona ci renda così gelosi del tempo che passiamo con lei da non poter sopravvivere al minimo distacco. A questo si aggiunge il timore che il nostro/la nostra partner non ci sopporterà a lungo perché ci percepirà come troppo bisognosi e indegni di stare con lui/lei. Si pensa inoltre che gli altri invidino il legame che abbiamo con lui/lei.

In questo modo, il normale desiderio di dipendenza viene represso al punto da renderci esageratamente autosufficienti: crediamo di non avere più bisogno di nessuno, e così facciamo di necessità virtù. Un simile atteggiamento può apparire come la massima espressione d'indipendenza, ma chi è davvero indipendente non teme di mostrarsi bisognoso quando è il caso, perché sa benissimo che non si può vivere senza legami profondi, senza avere qualcuno da sfamare, da andare a prendere e via dicendo.

Per buona parte della vita, l'indipendenza può sembrare una forza positiva che ci spinge in avanti, permettendo a chi è blu di procedere con sicurezza là dove altri potrebbero esitare. A prima vista, la studentessa universitaria di cui si parla nel *Case study* alle pp. 103-104 può apparire come una persona sicura e motivata. Ma, sotto sotto, gli elementi base della sua personalità potrebbero essere forgiati da materiali meno robusti di quanto non sembri: paura dei legami, paura di soffrire se il legame viene meno, paura di non riuscire a superare la perdita. Per evitare che tutto questo possa accadere, chi punta sull'indipendenza tende ad allontanare gli altri, perché teme che se si lega a una persona e poi la perde ne rimarrà devastato.

## L'indipendenza nella vita quotidiana

L'indipendenza dei bambini che si mostrano autosufficienti può apparire desiderabile: possono muoversi liberamente, fare cose interessanti e se la cavano sempre da soli; ciò che per altri determina una battuta d'arresto, per loro è soltanto un contrattempo insignificante. Ma a volte quando crescono questo loro livello di autosufficienza e indipendenza può essere messo in discussione dagli altri. L'altra faccia della medaglia è che spesso un bambino, per essere così indipendente, ha dovuto mettere da parte e reprimere i suoi bisogni. Inconsciamente, teme che se non si libera della propria dipendenza affettiva e del desiderio di essere amato non sarà mai capace di emanciparsi, e sarà sempre alla disperata ricerca di qualcosa che non potrà mai ricevere.

In ambito familiare, le persone indipendenti presentano alcune contraddizioni interessanti. Possono essere leali e stare veramente al fianco di chi è loro vicino, ma allo stesso tempo non si fanno molti problemi a dire: «Be', adesso ne ho avuto abbastanza, me ne vado». Questo atteggiamento genera una certa dose di conflitto interiore, il quale tende a essere gestito e giustificato da un continuo "vai e vieni". La persona indipendente si allontana per fare quello che le va, poi il suo senso di lealtà riemerge e la porta a passare del tempo con la famiglia, condividendone le attività. Dopo un po', non ne potrà più, e se ne andrà di nuovo a farsi i fatti suoi, finché non scatterà ancora il senso di lealtà che la farà tornare a partecipare alla vita familiare e così via. Questo schema può manifestarsi in straordinari al lavoro (oltre l'orario normale, nei fine settimana) alternati a vacanze esagerate con la famiglia, motivate dal senso di colpa. Tuttavia, questa tendenza può essere incanalata in modo utile in quei lavori che si prestano all'alternanza di impegno intenso e periodi vuoti.

Le manifestazioni dell'indipendenza eccessiva tendono a ridimensionarsi con gli anni, una circostanza che talvolta può contribuire alla classica "crisi di mezza età". Ci siamo sposati ma, al contempo, ci ammazziamo di lavoro, non necessariamente all'interno di un team: al contrario, si tratta spesso di rapporti uno a uno con il cliente, o di lavoro d'ufficio. Poi, quando inizia a profilarsi all'orizzonte la morte dei nostri genitori, o una crisi di simile portata emotiva, la nostra autosufficienza dà i primi segnali di cedimento e cadiamo in una crisi di mezza età. Benché il nostro matrimonio non faccia acqua da nessuna parte, ci sentiamo disperatamente soli. In realtà si tratta di una solitudine che ci siamo cercati escludendoci di nostra iniziativa dalla vita familiare. Anche se siamo individui molto leali, in fin dei conti facciamo di tutto pur di non affrontare il nostro dolore interiore, la perdita della giovinezza, o altri simili spauracchi. La risposta ovvia sarebbe quella di chiedere aiuto, ma è proprio ciò che una persona che si è sempre considerata indipendente trova più difficile fare. A volte il modo migliore per aggirare l'ostacolo è chiedere aiuto privatamente, senza che gli altri lo sappiano.

L'attenuarsi con gli anni del nostro lato indipendente è spesso ciò che rende felici molti matrimoni tardivi. A volte si tratta di coppie che si sposano in sordina, senza invitare troppa gente alla cerimonia. Già prima di sposarsi non avevano mai sbandierato la loro relazione ai quattro venti, e adesso sono anche leggermente imbarazzati all'idea di dover ammettere che in definitiva potrebbero non essere quei solitari inveterati che giuravano di essere. Il che può dar vita a diverse incomprensioni. Dopo la cerimonia potrebbero cominciare una serie di scambi con amici e conoscenti del tipo: «Saremmo venuti volentieri in chiesa, perché non ci avete avvisati?». Risposta: «Pensavamo che vi sareste sentiti obbligati, o che avreste cambiato idea su di noi, perché siamo sempre sembrati così indipendenti». Risposta: «No, è meraviglioso, e ci saremo sempre per voi nei momenti importanti». Può attivarsi un vero e proprio guazzabuglio di paure e supposizioni riguardo a ciò che gli altri possono pensare di noi, ma spesso il tentativo di indovinare ciò che pensano e di eluderne il giudizio è totalmente fuori strada. Molta più gente di quanta non si creda è ben disposta nei nostri confronti e non è interessata a giudicare le nostre scelte.

PUNTI DA CONSIDERARE

- Ricordi degli episodi della tua infanzia in cui ti sei sentito/a abbandonato/a? Avrebbero potuto essere gestiti meglio, per esempio se i tuoi genitori ti avessero spiegato certe cose in anticipo?
- A qualcuno risulta facile fidarsi degli altri. Qualcun altro, invece, per via delle esperienze che ha avuto, pensa che ci sia sempre un secondo fine dietro le azioni altrui e si ritrova immancabilmente a cercare di indovinare quale sia. Vale la pena di provare a capire dove ti situi all'interno di questo spettro.
- Il comportamento degli adolescenti può oscillare in modo allarmante tra eccessiva dipendenza e distacco totale. Non preoccuparti. Non sono che gli ultimi spasmi della transizione dalla dipendenza infantile all'autonomia adulta.

## Se il codice della tua indipendenza è verde

La tua autosufficienza è bilanciata da una sana comprensione dei benefici dell'amicizia e di tutte le relazioni interpersonali. A volte vuoi ricevere aiuto o avere compagnia, a volte no. I tuoi desideri e le tue necessità possono sussistere senza mettere in pericolo il tuo spazio. Nei momenti difficili, come per esempio un lutto, potresti perdere questa equanimità, ma ritroverai il tuo equilibrio.

*L'indipendenza nelle relazioni – verde*

Non hai problemi a restare a casa quando il tuo/la tua partner, o la persona con cui condividi l'appartamento, escono, ma ti godi anche le serate in compagnia. Chiedi consigli al tuo/alla tua partner e agli amici, e ti piace che supportino le tue scelte.

APPROFONDISCI

- Normalmente sai quando hai bisogno di appoggiarti agli amici o quando puoi cavartela da solo/a?
- Senti che le persone che vivono con te ti chiedono la tua opinione meno di quanto tu non la chieda a loro?
- Hai mai avuto un/una partner un po' più distaccato/a o meno consapevole?

CONSIGLI

- È probabile che tu sia molto rapido ad assimilare il giudizio tuo e degli altri: a volte concedi agli altri più tempo per mettersi in pari.
- Non dimenticare che alcune persone potrebbero temere più di te il giudizio degli altri. Ricordarselo può alleviare le tensioni.
- Se ti accorgi che alcuni tuoi amici o il tuo/la tua partner sono blu in questo settore, dovrai rispettare le loro barriere e i loro confini nelle prime fasi del vostro rapporto. Sii paziente e permetti all'intimità emotiva di crescere in modo naturale.

*L'indipendenza in famiglia – verde*

Il fatto che tu includa tutti i familiari quando si tratta di prendere una decisione giova alle dinamiche domestiche.

Sai che i bambini si sentono importanti e considerati quando viene chiesta la loro opinione in modo appropriato alla loro età.

APPROFONDISCI

- In genere riesci a riconoscere i tuoi desideri e i tuoi bisogni e a vivere senza che il tuo spazio privato ne risenta?
- Fai caso a quanto bene ti senti quando sei da solo e quando sei con la famiglia?
- Vale la pena di ricordare come hai gestito i momenti più critici della tua vita.
- Quando le cose si fanno difficili, magari perderai la tua equanimità, ma non dimenticare che ritroverai il tuo equilibrio.

CONSIGLI

- Presta attenzione al momento in cui i tuoi figli se ne andranno di casa: potresti aver bisogno di trovare uno sfogo più creativo al tuo pensiero inclusivo.
- Per te è facile mantenere l'equilibrio, ma rivisitare certi periodi della tua vita potrebbe aiutarti a capire le persone alle quali risulta più complicato.

*L'indipendenza sul posto di lavoro – verde*

Ti viene naturale lavorare in gruppo e sai giudicare bene quando è il caso di anteporre i tuoi bisogni, quelli degli altri o quelli dell'azienda. Mostri empatia nei confronti degli altri e sai capire quando è il momento di offrire loro il tuo aiuto. Allo stesso modo, non ti fai problemi a chiedere aiuto quando ti serve.

APPROFONDISCI

- Fai amicizia facilmente sul lavoro?
- Mostri un'autonomia decisionale appropriata al genere di lavoro che svolgi? E al tuo livello di esperienza?
- Ti piace collaborare con gli altri?

CONSIGLI

- È nella tua natura desiderare che tutti riescano sempre a riconciliarsi facilmente. Magari devi imparare a convivere con il fatto che non a tutti è possibile.
- Se stai cercando di ottenere una promozione, potrebbero esserci dei momenti nei quali dovrai rischiare più di quanto vorresti. Pensa bene a come fare.
- Sii consapevole che la promozione a un ruolo manageriale a volte va a scapito del senso di appartenenza a un gruppo di pari. Potresti aver bisogno di qualcuno che ti aiuti a gestire una posizione di comando.

**Case study: La studentessa universitaria indifferente**

Sophie era una studentessa universitaria che stava per completare la tesi di laurea. Ci ha raccontato che era rimasta molto perplessa quando una sua compagna le aveva confessato di faticare a concentrarsi sulla tesi perché una loro amica aveva deciso improvvisamente di abbandonare l'università.

«Fattela passare. Cosa c'entrano le decisioni della nostra amica con noi due che stiamo sveglie tutta notte a scrivere la tesi?» Sophie non riusciva a capire che cambiamenti come questo possono scuotere le persone e che la sua compagna era veramente turbata dal fatto di aver perso un'amica.

## Se il codice della tua indipendenza è blu

Per te, tende a essere una questione di: «O si fa a modo mio, o ciao». Questo non significa che sei una persona intrinsecamente egoista, vuol dire che hai la tendenza a non prendere in considerazione le opinioni degli altri. Può darsi che tu sia molto generoso/a quando si tratta di aiutare il prossimo, ma fai fatica a chiedere sostegno e aiuto per te stesso/a.

Il lato positivo è che l'autosufficienza può essere una caratteristica attraente e può tradursi in un punto di forza quando le cose si mettono male nella vita o sul posto di lavoro. Si può essere certi che non seguirai il branco. Una volta che ci si è guadagnati la tua fiducia, sai dimostrare una lealtà immensa.

*L'indipendenza nelle relazioni – blu*

Nel subconscio, temi l'attaccamento e nelle prime fasi di una relazione tendi a innalzare delle barriere. Se tutto va bene, troverai qualcuno capace di rispettare le tue barriere e i tuoi confini iniziali. Sappi che non darai l'impressione di essere una persona bisognosa di affetto (anche se questa è la cosa che più temi) ma, al contrario, piuttosto riservata e distaccata. Ti ci vuole parecchio tempo prima di poterti sentire profondamente legato a qualcuno, ma hai il potenziale per diventare un/una partner molto affidabile.

Le persone che ottengono un blu in questo settore possono finire per sentirsi molto sole e, in quel caso, può darsi che preferiscano cercare aiuto in segreto, piuttosto che farlo sapere a tutti. Preferiscono non condividere le informazioni perché temono che gli altri possano usarle contro di loro. Persino le cose frivole come, per esempio, rifare il bagno non possono essere condivise. Qualcuno magari ti suggerirebbe di tinteggiarlo di rosa quando tu in realtà lo vorresti verde: come ti comporti a quel punto? Sei leale e vorresti che gli altri pensassero bene di te, ma allo stesso tempo non vuoi che si facciano gli affari tuoi. Allora non condividi nessuna informazione finché non è tutto fatto e finito, così a quel punto potrai dire: «Guarda il mio bagno nuovo!». Se non sei in grado di condividere il processo, meglio cercare aiuto in segreto, non perché sia in sé una cosa positiva, ma perché è l'unico modo possibile per te, e hai bisogno di fare dei passi avanti ammettendo i tuoi limiti.

APPROFONDISCI

- Non hai il desiderio di "accoppiarti" e preferisci stare da solo/a? La tua indipendenza viene percepita dagli altri come freddezza emotiva?
- Rifai il bagno decidendo tutto di testa tua, senza chiedere il parere del tuo/della tua partner o del tuo/della tua coinquilino/a?

Oppure
- Non osi mai prendere una decisione di testa tua?

CONSIGLI
- Ammetti che potresti aver paura di vedere compromessa la tua indipendenza. Riesci a convincerti a correre questo rischio, ricordando a te stesso che potrebbe portarti più di quanto tu possa perdere?
- Potresti avere il timore che la tua opinione non venga ascoltata quando si tratta di prendere una decisione in casa. Fidarsi degli altri è difficile; hai bisogno di fare pratica.
- Temi che gli altri non ti rispettino più se non sei d'accordo con loro. Fai una prova con qualcuno che pensi possa essere ben disposto e vedi cosa succede. Può essere una cosa da poco, come andare a fare compere insieme e chiedere un consiglio sul colore di una camicia che ti piace e vorresti comprare. Non scegliere qualcuno con un carattere dominante; cerca qualcuno che ti sembra non abbia problemi a lasciare agli altri l'ultima parola.

**Case study: La questione complicata di scegliere come vestirsi**

Mo è un tipo indipendente. Sceglie sempre da solo come vestirsi, senza mai consultare suo marito David, ma stasera hanno deciso di uscire a cena per festeggiare il loro anniversario di matrimonio e Mo vuole essere sicuro che la serata sia speciale. Chiede quindi a David di aiutarlo a scegliere che camicia mettersi per l'occasione: «Bianca o azzurra?» gli domanda, mentre le tiene sollevate entrambe.

David sa bene che Mo non ama molto le camicie bianche perché pensa che lo facciano sembrare troppo pallido. «Be', quella azzurra è molto bella.» Così Mo si mette la camicia azzurra. Passano una bella serata. E, nel migliore dei casi, Mo sarà stato incoraggiato a chiedere altri consigli in futuro.

*L'indipendenza in famiglia – blu*

Tendi a non prendere in considerazione i desideri dei tuoi familiari e, di conseguenza, a volte vieni percepito/a come una persona che vuole avere il controllo su tutto. Ti perdi il sostegno, e il divertimento, che deriva dal discutere le cose in famiglia. E corri il rischio di sentirti isolato/a o escluso/a dal nucleo familiare.

Ricordati che i bambini hanno bisogno dell'aiuto dei genitori per riuscire a mettere in parole le emozioni più complesse come, per esempio, l'invidia e la gelosia che provano nei confronti dei fratelli e delle sorelle. Per un bambino, è molto utile dar voce alla propria gelosia perché, individuandola, le toglie forza e la rende meno conflittuale. Ma per aiutarlo a fare questo passo dobbiamo saper riconoscere la gelosia che ci portiamo dentro. È uno schema vecchio come il mondo: elaborare un sentimento dentro di noi, metterlo in parole per un bambino (o un altro membro della famiglia), renderlo conscio, sottrargli forza, diminuire il conflitto.

A volte chi ottiene un codice blu in questo settore sostiene di essere stato cresciuto in modo ineccepibile. È una sorta di meccanismo di difesa. Ma nessuno ha mai avuto un'infanzia perfetta: conserviamo alcuni ricordi e in base a questi affermiamo che è andato tutto per il meglio. Se ti accorgi che non riesci a mettere in discussione il racconto che ti sei fatto della tua infanzia, potrebbe essere il caso di rifletterci sopra. Capita spesso di sentire frasi come: «Mia mamma era una cuoca eccezionale, ma non era proprio capace di sedersi per terra e giocare con noi» oppure: «Mio padre era un disastro, non è mai venuto a vedermi giocare a pallone, però costruivamo delle case bellissime con il Lego». Si tratta di una normale concomitanza di aspetti positivi e negativi. Se ti viene spontaneo dire: «Era tutto perfetto, era tutto magnifico» e non riesci a separare ciò che c'era di buono da ciò che tanto buono non era, in una narrazione della tua infanzia che comprenda sia i lati positivi sia quelli negativi dei tuoi genitori, allora è meglio cominciare a provarci. In parte è una questione di lealtà: soltanto considerare la possibilità che i tuoi genitori avessero delle pecche è avvertito come un oltraggio, un tradimento della famiglia. Rifletti su come vedi la tua famiglia d'origine (vale a dire le persone con cui sei cresciuto/a da quand'eri molto piccolo/a) e su come questo processo di rivalutazione della tua infanzia possa aiutarti a trovare modi alternativi di avere delle buone relazioni con gli altri.

APPROFONDISCI

- Fatichi a vedere le cose dal punto di vista di qualcun altro? Tendi a non prenderlo in considerazione?
- I tuoi figli, i tuoi genitori, i tuoi fratelli si lamentano che non li coinvolgi nelle decisioni?

Oppure

- Lasci che si faccia sempre come vogliono gli altri perché, in fin dei conti, per te è più semplice così piuttosto che ammettere l'eventualità che le tue opinioni non vengano prese in considerazione?

CONSIGLI

- Cerca di incoraggiare le persone vicine a dirti quando si sentono messe da parte, così da poter capire meglio come ti vedono e che effetto hai su di loro.
- Ricordati che prendere le decisioni in completa autonomia potrebbe essere il tuo modo di proteggerti dall'eventualità di non essere considerato dagli altri. Cerca persone di cui ti fidi e con cui puoi allenarti a discutere in modo aperto e sereno.
- Se riuscissi a capire che un rifiuto ogni tanto non è una catastrofe, impareresti a essere più partecipe.

*L'indipendenza sul posto di lavoro – blu*

Lavori meglio da solo e sei molto bravo a dare consigli e offrire consulenze. La tua concentrazione e la tua determinazione possono essere sfruttate al meglio quando ti è permesso di lavorare in maniera indipendente o in qualità di "esperto". È facile che il tuo atteggiamento verso il lavoro sia di tipo imprenditoriale e incline a correre rischi, perché non sei particolarmente preoccupato di quello che pensano gli altri, così come dei loro bisogni, e non cerchi continui riscontri e conferme.

Probabilmente, sei anche molto bravo con i clienti e nelle altre situazioni "a tu per tu" che richiedono compostezza, discrezione e autonomia. Potresti essere attratto dai lavori creativi e da freelance. Potrebbe invece darti meno soddisfazione lavorare in un ambiente nel quale predomina una cultura conformista e dove ci si aspetta che tutti gli impiegati mettano l'azienda al primo posto.

L'indipendenza blu a livello professionale può anche manifestarsi in qualcuno che passa un'enormità di tempo a lavorare e poi, quando comincia a farsi sentire il senso di colpa, organizza una lunga vacanza con la famiglia. Poi il senso di colpa ricomincia a farsi sentire, e si rimette a lavorare come un matto, weekend compresi. Esistono parecchi lavori che si prestano a questo ciclo di "tutto o niente".

Comune alle persone che ottengono un blu in questo settore è la certezza che nessuno possa aiutarle. Può sorgere dal timore che, se permettessero ad altri di avere accesso alle loro idee, questi gliele ruberebbero. Un atteggiamento che non giova certo alla collaborazione: le persone troppo indipendenti non possono mostrare al mondo che qualcosa che fanno potrebbe non essere farina del loro sacco, perché questo invaliderebbe la favola della loro indipendenza e della loro autonomia. Una persona simile può essere un ottimo/a capo/a, ma non essere altrettanto capace quando si tratta di collaborare alla pari.

Si prenda in considerazione una persona che lavori presso una grande azienda e che stia passando un momento difficile. L'azienda si offre di aiutarla ma la sua reazione è: «Se accetto il loro aiuto, penseranno che sono debole e alla fine vorranno sbarazzarsi di me». Quando in realtà la posizione dell'azienda è: «Non siamo spietati, anzi, siamo piuttosto attenti ai bisogni dei nostri impiegati e se tu accetti di farti aiutare noi faremo di tutto per tenerti. Ma se sei veramente cocciuto/a e non vorrai farti aiutare, non saremo in grado di contenere i tuoi problemi». Poiché la persona è autosufficiente all'ennesima potenza, non riesce a sentire davvero quello che le viene detto. Sente soltanto che, se acconsentisse a essere aiutata, verrebbe licenziata, perché, segretamente, crede che la stiano mettendo alla prova. Da qualche parte nel suo passato deve esserci stata una figura autorevole che minacciava di punirla se si fosse mostrata debole e non è certamente facile liberarsi dagli strascichi di un'esperienza come questa.

Chi ottiene un blu in questo settore tende ad avere un forte spirito imprenditoriale o a lavorare per qualcuno di simile. Alcuni preferiranno rimanere a casa, per esercitare il massimo controllo sui figli, e potranno acquisire così tanto potere in questo ruolo da far sentire esclusi i loro/le loro partner. Non dimenticare che la collaborazione è un fattore cruciale nella crescita e nell'espansione. Sulle prime, una persona indipendente tende a distinguersi rapidamente perché, essendo autosufficiente, sa fare delle cose senza bisogno che il capo le stia col fiato sul collo. Tuttavia, a un certo punto accuserà una battuta d'arresto e smetterà di crescere, perché all'improvviso la sua indipendenza le si ritorcerà contro. Gli altri cominceranno ad accorgersi che fa fatica a lavorare in gruppo e che non sa unire le forze per creare qualcosa di nuovo. Ci sono dei limiti a ciò che si può fare senza che qualcun altro ci metta del suo. Una bella promozione, una rapida crescita e l'approvazione degli altri arrivano presto, ma a un certo punto tutto questo si esaurisce e la persona indipendente fatica a capire perché.

APPROFONDISCI

- I tuoi colleghi ti trovano inavvicinabile?
- Come reagisci quando il tuo punto di vista viene contestato? Ti piace discuterne, o preferisci chiuderla subito lì?

Oppure

- Non ti confronti con gli altri perché temi che ti schiaccino?

CONSIGLI

- Impara a chiedere sostegno agli altri per evitare di rimanere troppo isolato/a. Prova a chiedere aiuto anche quando pensi di non averne bisogno.
- Anche se l'indipendenza totale può sembrarti l'unica strada da percorrere, cerca di incorporare le discussioni con i colleghi nella tua vita lavorativa. Potrebbe non venirti spontaneo.
- Prova a condividere una decisione con chi ti sembra affidabile e propenso a farlo. Non scegliere qualcuno che mostra il tuo stesso grado di indipendenza.
- Imparare a collaborare è il modo migliore per avanzare nella propria carriera, cerca quindi di affrontare la tua paura di mostrarti bisognoso/a di aiuto, di essere invidiato/a e di invidiare gli altri. Cerca un modo per convincerti che condividere le decisioni non è pericoloso e non ti fa apparire debole.

# 12. Perfezionismo

*Sei sempre pronto/a a criticare qualsiasi cosa crei che non sia assolutamente perfetta? Pensi che anche gli altri lo faranno? Pensi che non potrai mai creare nulla? O che qualsiasi cosa tu possa creare sarà manchevole, o fallirà, per negligenza o incompetenza da parte tua, o che verrà demolita dalle critiche degli altri?*

*O pensi che con l'aiuto degli altri potrai creare qualcosa di vivo, capace di rinnovarsi, crescere, migliorare?*

Ti ritrovi nella seguente situazione? Una persona sta montando un mobile in camera da letto. Il/La partner è al piano di sotto quando sente un forte rumore di attrezzi che cadono sul pavimento, seguito da varie imprecazioni. Temendo che sia successo qualcosa di grave, corre su per le scale. Quello che dice è: «Cos'è successo? Tutto a posto?». Ma quello che la persona sente è: «Sei un disastro. Non sai nemmeno montare un mobile senza farti male» e così risponde qualcosa del tipo: «Mi è scivolato e mi si è rotto tra le mani. È colpa tua che compri sempre della roba così scadente. Perché sei così tirchio/a?».

Benvenuto/a nel dominio del perfezionismo, che riguarda la nostra suscettibilità alle critiche, l'incapacità di riconoscere i nostri errori e la tendenza a darne la colpa agli altri. È il mondo infantile e binario della colpa e della discolpa, nel quale l'onnipotenza viene trasferita dal bambino all'adulto, che invece è fallibile. Da adulti, troviamo veramente difficile riconoscere questa caratteristica in noi stessi.

I perfezionisti non concepiscono che si possa vederli come niente meno che perfetti, hanno dentro qualcosa che lavora, costantemente, per garantire loro una posizione di superiorità morale. Sono sempre all'erta per evitare che le persone a cui tengono scorgano in loro il benché minimo difetto. Inconsciamente, sono spinti a prendere tutte le precauzioni possibili per far sì che niente di ciò che fanno possa essere criticato. Si potrebbe persino dire che, sotto sotto, ciò che li motiva davvero sia non tanto il desiderio di apparire perfetti ma quello di non essere criticati. Sono incredibilmente sensibili a ogni sorta di critica, persino quelle benevole e costruttive, che nascono da una genuina premura nei loro confronti. Le offerte d'aiuto sono spesso scambiate per critiche.

## Da dove viene il perfezionismo

Nei bambini, il settore del perfezionismo è legato alla capacità di prendersi la responsabilità delle proprie azioni. Si forma non appena cominciano a venire rimproverati per gli errori: a volte i loro, a volte quelli di qualcun altro.

Si prenda in considerazione questo caso: un bambino di quattro anni fa cadere una tazza proprio sotto il naso del genitore. È molto probabile che la reazione immediata del bambino sia: «Non sono stato io!». Ora, il genitore sa benissimo chi è stato, e lo sa anche il bambino, è quindi ovvio che sta mentendo. Tutti i bambini esplorano, istintivamente, il confine tra verità e bugie, ed è dunque normale che a volte mentano quando tira una brutta aria e che abbiano bisogno di una mano per capire come comportarsi in queste situazioni. Se la tazza va in mille pezzi, il genitore potrà reagire in diversi modi: sgridarlo, essere comprensivo o reprimere la frustrazione, ma poi il bambino verrà perdonato con un abbraccio e verrà tutto dimenticato. A volte, tuttavia, può capitare che il genitore stia passando un momento difficile e che si arrabbi veramente, facendo piangere il figlio. In questo caso è molto probabile che la prossima volta che il bambino romperà un oggetto penserà qualcosa del tipo: «Be', adesso me la vedrò davvero brutta, mi sa che la cosa migliore da fare, invece di andare a dirlo, è nascondere i pezzi sotto l'armadio. Così sarà come se non fosse successo niente!». Un meccanismo comportamentale molto naturale, che vediamo all'opera in ogni famiglia.

Se però a ogni minimo errore del bambino il genitore va sempre su tutte le furie e diventa minaccioso, può sorgere un problema. Spesso non si tratta tanto di quello che viene detto ma di come viene detto. Un bambino esposto di continuo a simili reazioni svilupperà un timore smisurato delle conseguenze delle proprie azioni. Inconsciamente, arriverà a due conclusioni: «Se faccio sempre tutto alla perfezione non verrò sgridato» oppure: «Se non lo scoprono non verrò sgridato». Sono due modalità molto simili: una genera l'abitudine a prendere le misure necessarie per non farsi scoprire, l'altra fa sì che la mente sviluppi un io in parte nascosto, perché nessuno può essere perfetto. Un procedimento mentale che si perpetua in età adulta.

Vediamo all'opera un meccanismo simile quando un bambino piccolo cade e si rialza di scatto, oppure quando sbaglia qualcosa ma procede tronfio facendo finta che sia tutto a posto (è la cosiddetta strategia di coping). Dopo un po', la mente inconscia e la mente conscia si allineano e si stancano della messa in scena. Il bambino vorrà così essere scoperto e rassicurato dall'adulto in modo da non sentirsi abbandonato e ancora più piccolo di quanto già non sia. È un'altalena di emozioni che oscilla in continuazione tra: «Sono grande» e: «No, sono piccolo».

Magari il genitore non aiuta il bambino a rialzarsi, non lo prende in braccio, non lo bacia e non lo mette a letto dicendogli: «Ti voglio bene», ma invece lo lascia correre in giro a pavoneggiarsi finché non ne può più e a quel punto lo sgrida. Magari il genitore pensa che sia un bene che il bambino vada fino in fondo e spesso lo pensa perché si identifica profondamente con lui. La sua esperienza da bambino può avergli lasciato la sensazione di essere sempre stato interrotto nel bel mezzo di qualcosa, e questo lo faceva sentire impotente tra gli adulti, ma nel nostro esempio è probabile che stia attuando una sovracompensazione perché il bambino ha ancora un'età nella quale sente il bisogno di essere preso in braccio dal genitore. Se il genitore riesce ad assumere l'autorità e la responsabilità appropriate alla situazione, il bambino si sente sollevato dal peso di doverle assumere lui. A quel punto si sente al sicuro, e il mondo torna a essere come dovrebbe.

Ma se il genitore non lo fa, si entra nel campo della negoziazione, e all'improvviso il bambino non si sente più al sicuro. La sua fantasia di essere "grande" lo schiaccia.

Se un bambino viene fatto sentire più grande di quanto non sia, quando uscirà nel mondo e scoprirà di non essere grande quanto crede, la sua età inconscia non sarà appropriata e si sentirà molto insicuro. Spetta al genitore allineare l'età inconscia a quella reale del bambino. Chiaramente, da adulti sappiamo bene che i genitori non controllano il mondo, ma i bambini credono invece che i genitori abbiano davvero il potere di farlo, e questo li rassicura. Soprattutto perché, sia i più piccoli che i meno piccoli, pensano, a loro volta, di avere il controllo dei genitori – urlano, e i genitori accorrono –, il che dà loro l'idea di essere onnipotenti e, con essa, la garanzia di sopravvivere. A questo stadio dello sviluppo il senso di sicurezza dipende dal fatto che non ci siano zone grigie. Se il luogo interiore della sicurezza appare grigio, allora è una catastrofe. Il bambino riversa il suo senso di onnipotenza sulle persone che si prendono cura di lui, trasferendolo così agli adulti che gli stanno attorno. Questa tendenza comincia a mutare verso i sette anni, quando il bambino non è più così dipendente dai genitori; la scoperta che gli adulti sono entità separate e non proprio onnipotenti come si credeva, e che il mondo non è bianco o nero, non è più altrettanto devastante.

A volte l'idea che qualcuno sia grande e possa risolvere le cose e che qualcuno sia piccolo e non abbia per questo voce in capitolo ci accompagna per tutta la vita. L'altalena emotiva tra sentirsi competenti e con tutto sotto controllo e poi sminuiti e impotenti è un qualcosa con cui molti di noi devono fare i conti su base quotidiana. In termini di sviluppo, la possibilità che bambini e adulti possano ugualmente rompere le tazze, che "i casini succedono" e che non sempre ci sia un legittimo colpevole è una nozione piuttosto sofisticata. Quando qualcosa va storto, cerchiamo sempre una ragione o qualcuno da incolpare, che sia l'azienda che ha costruito male il mobile, come nell'esempio utilizzato in precedenza, o il governo che non ha varato misure di controllo adeguate sugli standard di produzione del settore. Il perfezionista non ammette che un piatto, letterale o metaforico, possa scivolargli di mano, soprattutto sotto gli occhi di qualcuno. Se una persona cerca di dargli un consiglio su come portare i piatti in modo più sicuro, o si dispiace sinceramente per la stoviglia andata in pezzi, il perfezionista sentirà solo critiche e rimproveri e si chiuderà in se stesso. Cercherà sempre di nascondere qualsiasi coccio o errore in tutti gli ambiti della vita.

PUNTI DA CONSIDERARE

- Ricordi i tuoi genitori/tutori come persone severe che ti punivano anche per la minima trasgressione? Pensi che questo abbia influito su come reagisci adesso, mentalmente, quando qualcosa va storto?
- Fai attenzione agli effetti negativi delle critiche esagerate. Ricordati che spesso il tono con cui si dice una cosa ha più impatto su una persona di quanto non ne abbia il contenuto del messaggio.
- Insegna ai bambini in modo chiaro e coerente che prendersi la responsabilità delle proprie azioni è sempre la cosa migliore da fare. Premiali per la loro onestà quando ammettono di avere fatto un errore. Tu lo fai?

## Il perfezionismo nella vita quotidiana

Il perfezionismo si fonda sul bisogno subconscio di apparire perfetti in ogni momento e in ogni circostanza. Più che perfetto, ciò che facciamo non deve dare adito a critiche. Il perfezionista è ipersensibile a qualsiasi genere di critica, comprese le preoccupazioni benevole e premurose di amici e familiari. L'ipersensibilità alle critiche è uno dei marcatori cerebrali che segnala l'estrema difficoltà a rendersi conto delle proprie tendenze perfezioniste.

Di tanto in tanto capita a tutti di sentirsi inadeguati, e tutti quanti prima o poi temiamo che gli altri ci reputino non all'altezza di una determinata situazione. Forse pensiamo di non essere molto bravi a badare alla casa o a provvedere ai bisogni della famiglia, oppure non ci sentiamo abbastanza attraenti o abbastanza intelligenti e così sviluppiamo dei meccanismi di difesa per cercare di apparire adeguati ed evitare l'umiliazione di essere scoperti. Il meccanismo più comune è quello di nascondersi, come, per esempio, nel caso dello studente che non riesce a mostrare la prima stesura di un saggio ma, prima di farlo vedere a qualcuno, deve aspettare di avere in mano la versione finale, perfettamente rifinita. Eliminando la possibilità di discutere il primo abbozzo, lo studente non potrà però ricevere i suggerimenti e gli incoraggiamenti di compagni e professori e il suo potenziale di crescita ne risentirà profondamente. Il timore di "essere scoperti" può tagliare le gambe all'intero saggio. Alcune tesi di dottorato non vengono finite proprio per questa ragione. Sul lungo termine, le scuse e le manovre necessarie per nascondersi in continuazione possono farsi sempre più logoranti e paralizzanti.

Un meccanismo di difesa alternativo è quello di rinnegare i propri scopi una volta che non si è riusciti a raggiungerli. Per esempio, uno studente che non riesce a entrare in una certa università potrebbe sminuirla invece di riconoscere la propria delusione e passare oltre. Quando non viene ammesso all'università X, gli sentiamo dire: «Non importa, tanto in realtà volevo entrare all'università Y o alla Z, perché alla X la mia materia non la fanno bene». La storia viene poi ripetuta all'infinito, l'insuccesso non è mai davvero riconosciuto e non se ne trae alcuna lezione. Se non c'è dubbio che saper apprezzare ciò che si ha nella vita è da considerarsi un dono, d'altra parte chi sminuisce tutto ciò che non riesce a ottenere ostacola lo sviluppo della propria alfabetizzazione emotiva. La delusione non è mai sentita fino in fondo e non viene dato il giusto spazio alla gioia per ciò che si è ricevuto.

Le persone che possiedono un cervello perfezionista non di rado commettono anche l'errore di sopravvalutare il livello di perfezione di ciò che fanno, e se qualcuno cerca, seppure con le migliori intenzioni, di aggiungere qualcosa al loro lavoro, o di migliorarlo, si tirano indietro. I perfezionisti non si accorgono che la loro abitudine a nascondere i propri errori può mettere in apprensione gli altri. Sul lavoro, non capiscono come sia possibile che a ricevere una promozione sia sempre qualcun altro. Perché non sono stati scelti loro, che hanno sempre fatto tutto alla perfezione, e invece è stata scelta quell'altra persona, che di errori ne ha fatti almeno ventisei? Non si rendono conto che l'azienda è più preoccupata della loro immaturità che dei normali errori in cui potrebbero incorrere. Tutto questo può generare un grande risentimento.

### Case study: L'insegnante e lo studente agitato

Ian è andato dallo psicologo perché, tra le altre cose, faceva fatica a fare passi avanti nella sua carriera di insegnante. Una volta raccontò di una situazione che gli era capitata in classe: uno studente era andato su tutte le furie e si era messo a urlare come un forsennato. Il preside, che passava di lì, aveva bussato alla porta. «Tutto bene?» aveva chiesto. Ian gli avevo risposto che era tutto a posto, e gli aveva poi spiegato come mai lo studente stesse gridando. Tuttavia, si era sentito mortificato dalla situazione, perché aveva interpretato l'intervento del preside come un: «Ma non riesci neanche a tenere a bada la tua classe? Cos'hai combinato per farlo urlare a quel modo?».

Lavorandoci sopra, Ian ha poi dovuto ammettere che il preside, in genere, era sempre stato una persona molto premurosa e che, in quel caso specifico, era molto più probabile che fosse davvero intervenuto per sincerarsi che fosse tutto a posto, e non per giudicarlo: «È sempre stata una classe difficile, ci sono passato anch'io. Tutto bene?».

Un superiore può metterci parecchio tempo a riconoscere che un suo dipendente è un blu nel settore del perfezionismo, perché in superficie può apparire come una persona molto professionale, matura ed efficiente. Non accorgersene può tuttavia avere ripercussioni considerevoli. Se il perfezionista blu lavora in una finanziaria, potrebbe essere incapace di informare il proprio superiore quando qualcosa non torna nei suoi conti, anche se l'errore che ha commesso è genuino, per nulla fraudolento. Si potrebbero citare innumerevoli esempi famosi di errori non rivelati all'interno di istituzioni finanziarie che hanno portato a disastri economici (vedi il *Case study* seguente). Potenzialmente ancora più pericoloso è il perfezionista blu che lavora nella sanità, perché potrebbe non essere in grado di ammettere un errore nella cura di un paziente. O il dipendente dell'azienda farmaceutica incapace di ammettere che in un determinato farmaco potrebbe esserci un problema. È una forma di vergogna. Non siamo più in grado di valutare le conseguenze e diventiamo infantili. La nostra mente ci proietta inconsciamente in uno scenario di vergogna e umiliazione e a quel punto siamo disposti a fare di tutto pur di non sentirci a quel modo.

**Case study: Il trader canaglia**

L'effetto potenzialmente disastroso di non assumersi la responsabilità dei propri errori è ben illustrato dalla storia di un trader della Barings Bank negli anni Novanta. Dopo aver effettuato operazioni non autorizzate dai superiori e aver nascosto le perdite servendosi di un "error account", un conto segreto, continuò a compiere operazioni finanziarie sempre più azzardate e con cifre sempre più esorbitanti per cercare di rifarsi. Il suo comportamento sconsiderato alla fine culminò in un debito di 827 milioni di sterline, che causò il fallimento della banca d'affari più antica della Gran Bretagna.

D'altro canto, in circostanze diverse, un perfezionista blu può essere un lavoratore estremamente meticoloso, attento ai minimi dettagli, nell'ansia di commettere errori. Potrà riuscire al meglio nei lavori basati su dati e cifre, sui controlli delle concordanze, e nei quali la responsabilità decisionale è limitata.

Nelle relazioni, è altamente improbabile che due perfezionisti riescano a convivere in maniera armoniosa. Entrambi manifesteranno una forte tendenza alla regressione infantile e la relazione si trasformerà presto in un'altalena emotiva. Sotto il profilo sessuale, può essere difficile trovare un punto nel quale i due si comportino come adulti consenzienti allo stesso momento, e per questo i loro rapporti intimi tenderanno a diminuire sempre di più. In queste situazioni, i partner posso finire per allontanarsi e cercare conforto in nuove relazioni, nelle quali le loro debolezze non sono ancora state individuate e, almeno per un po' di tempo, saranno al riparo da ogni tipo di critica. Tuttavia, a meno che nel frattempo non siano maturati abbastanza da rendere la nuova relazione diversa dalla precedente, il sollievo sarà breve. A mano a mano che la nuova coppia si assume le responsabilità che derivano dalle relazioni a lungo termine, potrebbe finire nella stessa spirale.

## Se il codice del tuo perfezionismo è verde

Un codice del perfezionismo verde può sembrare una contraddizione, ma non lo è: sta a indicare una persona giustamente desiderosa di far sì che in ogni situazione le cose giungano a buon esito, ma che allo stesso tempo è capace di condividere l'abbozzo di un progetto e di tollerare le imperfezioni. Se risulti verde in questo settore significa che sei una persona schietta, aperta e onesta quando si tratta di riconoscere i tuoi errori. Sei abbastanza forte da accettare le conseguenze delle tue azioni, non incolpi gli altri per i tuoi errori e non provi a nascondere i tuoi sbagli. Sai benissimo che sbagliare è umano, e hai abbastanza coraggio da ammettere quando a sbagliare sei tu.

*Il perfezionismo nelle relazioni – verde*
Nelle relazioni porti un sano grado di sincerità e franchezza. Sii comprensivo/a con amici e partner che sono meno solidi di te in questo settore. Ricorda che molto probabilmente il loro comportamento è dettato da una voce interiore esageratamente critica.

APPROFONDISCI

- Sii orgoglioso/a del fatto che permetti agli altri di vedere i tuoi errori, perché questo crea spazio per imparare e per crescere.

- Vale la pena di riflettere su cosa ti permette di essere così. La crescita di un rapporto richiede una cura costante.
- Il tuo/La tua partner o i tuoi amici sono solidi quanto te in quest'area? Se non lo sono, ti sei mai chiesto perché?

CONSIGLI

- Non dare mai per scontata questa tua capacità, ma sii comunque felice di averla.
- È facile scivolare in un modo confortevole di stare assieme, e la vita ogni tanto ha bisogno di un po' di pepe.
- Ripensate assieme ai vostri errori e rideteci sopra.

*Il perfezionismo in famiglia – verde*

La capacità di ammettere i tuoi errori può essere un buon modello per gli altri membri della famiglia, che in questo settore possono beneficiare della tua consapevolezza e della tua guida.

APPROFONDISCI

- Saper riconoscere apertamente i propri errori è un bene, ma attenzione a non far sì che diventi un modo per passarci sopra.
- Non è facile ammettere i propri errori: a te può venire spontaneo, ma ad altri no. Renditi conto che per loro è più difficile.
- È probabile che tu sia coerente con le tue regole e con i confini che stabilisci, indipendentemente dal tuo umore.

CONSIGLI

- Tratta gli errori come occasioni per imparare; chi sbaglia impara, e cresce.
- Ripensate insieme a delle vacanze sventurate, a lavoretti di fai-da-te finiti in un disastro. Cercate di focalizzarvi su quanto al momento vi erano sembrati delle catastrofi e quanto, a posteriori, vi sembrino invece divertenti, e su quanto questo vi stia insegnando.
- Se diventi più imprevedibile di quanto tu non lo sia abitualmente, non lasciare che gli altri te lo facciano pesare.

*Il perfezionismo sul posto di lavoro – verde*

Sei un/una dipendente di cui ci si può fidare e gli altri lo sanno. È difficile che tu nasconda eventuali problemi sotto il tappeto, e sai intervenire molto presto per evitare che una determinata situazione degeneri. Il fatto che tu non abbia paura di ammettere i tuoi errori è rassicurante per gli altri, perché sanno che non li lascerai mai all'oscuro di niente.

APPROFONDISCI

- Come reagiscono i tuoi colleghi o i tuoi superiori quando si ammette la responsabilità dei problemi?
- Consideri doveroso cercare di non ripetere gli stessi errori?
- Fai notare gli errori degli altri quando non si accorgono di aver sbagliato?

CONSIGLI

- Incoraggia gli altri a riconoscere che sbagliando si impara, ma solo se ci si assume la responsabilità dei propri errori e li si analizza.
- Nella tua funzione di superiore o collega renditi conto che per gli altri potrebbe essere molto difficile ammettere i propri errori.
- Quando si scopre che qualcuno ha commesso un errore è sempre difficile capire se sia meglio dare a quella persona il tempo di riflettere e magari ammettere di aver sbagliato oppure rivelare pubblicamente l'errore che ha commesso.

## Se il codice del tuo perfezionismo è blu

Il desiderio di apparire sotto la miglior luce possibile è una tua caratteristica preponderante. Hai una tendenza inconscia a nascondere i tuoi errori e cancellarne le tracce per timore di finire nei guai se venissero a galla. È un aspetto della personalità difficile da riconoscere; per riuscirci, dovrai quindi compiere un lavoro d'introspezione approfondito.

*Il perfezionismo nelle relazioni – blu*
Potresti avere difficoltà a confrontarti con le conseguenze delle tue azioni. Cerca delle persone di cui puoi fidarti, capaci di anteporre i tuoi interessi ai loro, e prova a essere tollerante nei confronti delle critiche ben intenzionate e costruttive che potrebbero rivolgerti. La decisione di condividere le tue debolezze con gli altri ti farà bene, ma si tratta di un processo scomodo che richiede un certo coraggio. Tuttavia, ti aiuterà a crescere.

APPROFONDISCI

- Da bambino ti criticavano troppo? Ti faceva paura?
- Tieni nascosti i tuoi errori al/alla partner o alla persona con cui abiti? Un errore nei conti? Una lite con tua suocera?
- Vuoi apparire senza macchia agli occhi del tuo/della tua partner, e per questo non ti mostri mai davvero come sei in tutto e per tutto?

CONSIGLI

- Imparare a confidare nel fatto che gli altri possano avere delle reazioni appropriate è un percorso difficile da compiere, ma è arrivato il momento di cominciare a farlo.
- Soffermati a pensare a quando il tuo/la tua partner o i tuoi amici "criticano" i tuoi errori. Ti stanno veramente giudicando? O in realtà stanno cercando di aiutarti e di alleggerire la situazione?
- Imparare che puoi essere amato/a anche quando ti sei messo/a a nudo è qualcosa su cui potresti aver bisogno di lavorare, da solo/a o con l'aiuto di qualcun altro.

*Il perfezionismo in famiglia – blu*

Un bambino che è stato eccessivamente criticato tende a ripetere lo schema con i propri figli, con i partner o i familiari più giovani. Poiché il "gioco" è quello di nascondere i propri errori, risulta particolarmente difficile penetrare in questo settore del cervello e rendersi conto di ciò che si sta facendo.

APPROFONDISCI

- Rispondi con rabbia alle piccole infrazioni? Abbai più di quanto tu non morda?
- Ti rendi conto che tendi ancora a nascondere i tuoi errori? Ai tuoi figli? Ai tuoi fratelli e alle tue sorelle? Ai tuoi genitori?
- Cosa temi delle reazioni della tua famiglia verso di te?

CONSIGLI

- Evita di essere aggressivo/a. Ricordati che anche solamente la tua figura, enorme per un bambino, può intimidire i tuoi figli; è quindi forse il caso di reagire con moderazione.
- Quando si tratta dei tuoi errori, cerca di essere onesto con i membri più giovani della tua famiglia. Impareranno dal tuo esempio.
- Anche se da te stesso/a ti aspetti la perfezione, prova a capire che non è ragionevole aspettarsela dagli altri.

*Il perfezionismo sul posto di lavoro – blu*

Il tuo desiderio di non commettere mai errori può renderti un/una dipendente preciso/a e coscienzioso/a. L'attenzione meticolosa al dettaglio e la spinta a fare qualsiasi cosa alla perfezione possono contraddistinguerti come una persona su cui si può contare. Molti direttori finanziari possiedono questa caratteristica. Ma, d'altro canto, è possibile che la tua riluttanza ad ammettere uno sbaglio, una volta individuata, ti impedisca di fare carriera.

Le persone con un blu in questo settore cercano spesso di impegnarsi in lavori dove sia pressoché impossibile sbagliare, dove il margine decisionale sia limitato e si abbia a che fare soprattutto con fatti e cifre, e dove le conseguenze delle decisioni improrogabili ricadano su qualcun altro. Se non sbagliamo mai, però, non impariamo mai.

APPROFONDISCI

- Come agisci quando commetti un errore? Cosa fanno i tuoi colleghi?
- Come valuti un collega quando ammette un suo errore? La tua fiducia nella sua integrità aumenta oppure no?
- Scambi il sostegno per una critica?

CONSIGLI

- Tieni a mente che l'essenza di un essere umano sta nel bilanciare la necessità di fare le cose al meglio con la consapevolezza che tutti quanti commettiamo degli errori. Siamo fatti così.
- Rifletti bene e a fondo sulle potenziali conseguenze dei tuoi errori. Leggi il *Case study* relativo alla chiave inglese sulla pista d'atterraggio riportato qui di seguito.
- Fai un respiro profondo e ammetti i tuoi errori. Impara ad apprezzare il sollievo che ne deriva.

## Case study: La chiave inglese sulla pista d'atterraggio

Esiste veramente una storia che parla di una chiave inglese su una pista d'atterraggio. Un meccanico dell'aeronautica in servizio su una portaerei si rese conto di aver lasciato una chiave inglese sulla pista. Sapendo che la sua dimenticanza avrebbe potuto causare un incidente, andò subito ad avvisare i suoi superiori, aspettandosi di essere degradato. La procedura di atterraggio del jet fu interrotta, evitando così una possibile tragedia. Invece di subire le conseguenze che si sarebbe aspettato, il meccanico fu elogiato per aver comunicato così prontamente quel suo errore potenzialmente disastroso.

# 13. Spirito di ribellione

*La gente ti dice che sei ribelle, che tu sia d'accordo con loro o no? Ti è mai capitato di possedere qualcosa che in realtà non ti interessava per il solo fatto che qualcuno non voleva che tu l'avessi? Hai mai rifiutato qualcosa che poteva esserti d'aiuto rispondendo ancora prima di pensare?*

*O sei in grado di valutare in autonomia le questioni che ti riguardano e allo stesso tempo accogliere i consigli che ti vengono dati, riuscendo così a trovare il giusto equilibrio tra il tuo buon senso e le raccomandazioni degli altri?*

Immaginiamo una persona che partecipi a una festa durante la quale vengono serviti calici di vino rosso e di vino bianco. La nostra ospite vorrebbe tanto assaggiare un calice di rosso, ma, al momento di scegliere, chi glieli porge le dice: «Ah, sono sicuro che questo rosso le piacerà da morire», al che la sua risposta diventa: «No, grazie, preferisco il bianco», andando contro ciò che avrebbe preferito spontaneamente.

Questo genere di comportamento può sembrarci lievemente perverso, ma la spiegazione risiede nel settore della ribellione.

## Da dove viene lo spirito di ribellione

Tra i sette e i dieci anni, vale a dire durante la fase di latenza, i bambini in genere nutrono una fiducia innata nell'autorità e di solito non hanno problemi a seguire le regole. Anzi, spesso le seguono in modo più stretto di quanto non facciano gli adulti.

Dunque, un genitore dice al bambino: «Oggi non andiamo più al parco, preferisco andare al museo». Al bambino potrà non piacere la decisione, e magari farà anche qualche piccola scena, ma in generale siamo di fronte a una transazione diretta e onesta, e il bambino lo capirà. Ora prendiamo in considerazione un altro scenario. Il genitore dice: «Oggi andiamo al museo perché ti divertirai di più» e poi, una volta arrivati, passa il pomeriggio nella caffetteria del museo insieme ai suoi amici. Per il bambino, la dinamica di questa transazione è molto più confusa: la decisione di andare al museo si è rivelata a vantaggio del genitore, e non del bambino, come invece gli era stato detto. Chiaramente, è una questione di misura, e non c'è niente di male se ogni tanto si dà la priorità a un caffè con gli amici. Ma, a seconda di quando e di quanto spesso riceve questo genere di messaggi contraddittori, il bambino può finire per sviluppare una sfiducia cinica nei confronti dell'autorità da cui provengono, perché l'intenzione che sta dietro è quella di manipolarlo.

L'elemento chiave è proprio il rapporto tra manipolazione e motivazione: l'adulto convince il bambino che la decisione è per il suo bene, quando in realtà il bambino non viene preso in considerazione. A volte l'adulto si comporta così in modo consapevole – vuole semplicemente fare ciò che desidera ma non riesce a dirlo con franchezza perché questo lo metterebbe in cattiva luce –, ma più spesso si tratta di un meccanismo inconscio. Alcuni bambini non riescono a sopportare questa situazione e, come risposta subconscia ai messaggi contraddittori che ricevono, si oppongono alla richiesta o alla decisione, persino quando questo va contro il loro interesse: per loro sarebbe meglio dire di sì, ma dicono lo stesso di no. Così nasce un ribelle.

Questo settore copre il campo delle motivazioni e delle circonvoluzioni mentali che soggiacciono a quelle che, in apparenza, sono semplici istruzioni. A volte può trattarsi del conflitto tra due autorità: la madre si offre di giocare a scacchi con il figlio, che è molto contento di farlo, ma il padre preferisce andare a fare una passeggiata, e alla fine escono tutti a passeggiare. La madre lo fa passare al figlio per un «Lo so che in realtà preferivi uscire», ma il bambino avverte che in realtà la decisione è stata presa esclusivamente per compiacere il padre, e si sente tradito. Quindi, come reagirà? Dipende. Alcuni bambini potrebbero reagire con: «Come volete... Mi piace giocare a scacchi? Non ne ho idea... Ma mi adeguo, per compiacervi anch'io». Altri invece penseranno: «Non mi fregate. A passeggiare non ci vengo».

A seconda delle circostanze, un bambino può essere piuttosto disturbato da un eccesso di autorità. In certe situazioni, chi detiene l'autorità può diventare estremamente dispotico nella sua determinazione a far sì che le indicazioni vengano seguite, e alla fine il bambino può sentirsi umiliato. In altre, il bambino può nutrire delle preoccupazioni inespresse sul fatto che, senza volerlo, sta contribuendo a creare un conflitto tra le due autorità genitoriali (vedi a p. 138 lo scenario della festa tra adolescenti). Quando questo genere di eventi si accumulano, finiscono per compromettere la tipica transizione dall'obbedienza del bambino al sano rispetto per l'autorità dell'adulto.

PUNTI DA CONSIDERARE

- Ricordi degli episodi di quand'eri bambino/a nei quali hai acconsentito a qualcosa che veniva fatto "per te", ma in realtà provavi rabbia e risentimento perché era chiaro che fosse fatto per qualcun altro?
- Cerca di essere coerente nelle regole che dai ai ragazzi. La tua imprevedibilità può facilmente indurli a rispondere in modo altrettanto imprevedibile all'autorità. Una decisione controversa sarà avvertita come una decisione poco convincente.
- La motivazione nella vita adulta ha le sue radici in un sano sviluppo adolescenziale, evita quindi di "schiacciare" inutilmente un ragazzo. Cerca di capire bene quanto una tua decisione sia motivata dalla necessità di proteggere tuo figlio e quanto invece sia dettata dal tuo bisogno di vincere una battaglia.

## Lo spirito di ribellione nella vita quotidiana

Le persone che non hanno un forte spirito di ribellione incontrano meno problemi nei rapporti con l'autorità. Non si sentono automaticamente sminuiti da essa e sanno che, quando è necessario, possono metterla in discussione in modo diretto e ragionevole. Per chi ha un forte spirito di ribellione, sottomettersi all'autorità è invece sinonimo di umiliazione. Non di rado il passato di molti ribelli è segnato da una serie di esperienze umilianti, magari inflitte da genitori che a loro volta erano stati umiliati.

L'autorità può essere rappresentata da un medico, da un insegnante, da un superiore. È qualcuno che nel nostro subconscio ci sta chiedendo qualcosa che ci fa sentire come se fossimo ancora bambini, senza autonomia decisionale e senza possibilità di scelta. Di conseguenza, non ci resta che ribellarci, persino quando ci costa caro. Siamo disposti a "castrarci per far dispetto alla moglie". E non è detto nemmeno che ci si renda conto di avere questa inclinazione.

A volte un marcato spirito di ribellione conduce un individuo lungo strade nuove e avventurose. Un blu in questo settore, per esempio, coesiste spesso con un blu nel settore dello spirito imprenditoriale, ed è quindi comune a molti imprenditori. Tuttavia, c'è sempre la preoccupazione che le persone ribelli finiscano a fare cose che non sono particolarmente adatte a loro, per la sola ragione che hanno scelto di prendere la strada opposta rispetto a quella suggerita da una figura autorevole. In altre circostanze, benché in superficie sembrino seguire la via indicata, il loro subconscio le porta ad agire in modo da sabotare i propri sforzi in una modalità "passiva-aggressiva".

È bene notare che lo spirito di ribellione non si presenta sempre in maniera ovvia. Può manifestarsi in modi ben più sottili dell'insubordinazione palese e del dissenso dichiarato. Possiamo portare a esempio un'insegnante che non era contenta del suo lavoro. Esplorando il suo codice in questo settore, è arrivata a riflettere sul fatto che sua madre (anche lei insegnante) aveva desiderato intensamente che la figlia intraprendesse la sua stessa carriera. Benché la ragazza non andasse particolarmente d'accordo con la madre, ne aveva comunque seguito le indicazioni. In seguito non si era però mai sentita soddisfatta del proprio lavoro, ed era particolarmente severa con i figli, proprio come sua madre era stata con lei. Stava riversando su di loro la rabbia che provava nei confronti di sua madre. Se le persone ribelli non riescono a entrare in conflitto aperto con l'autorità, possono cercare di prendere il controllo della situazione sembrando accondiscendenti in un modo passivo-aggressivo che è estremamente arduo da individuare e difficile da gestire.

È abbastanza comune che in una coppia ci sia una persona che sembra ribelle e una a cui piace essere accomodante. Come sappiamo, gli opposti si attraggono. E la relazione può risultare ben equilibrata ma, sotto il profilo psicologico, entrambe queste persone potrebbero avere un rapporto squilibrato con l'autorità: una acconsente troppo, l'altra troppo poco. Nonostante le apparenze, l'equilibrio di una simile coppia può in realtà rivelarsi alquanto instabile e saltare facilmente quando la persona ribelle finisce per chiedere troppo all'altra: il "NO!" che ne risulta può essere deflagrante.

## Case study: Una festa tra adolescenti

Sara si ricorda ancora di una particolare situazione venutasi a creare quando lei aveva diciassette anni e voleva andare a una festa. Sua madre, che era piuttosto rigida, riteneva che si trattasse di una festa non adatta e si era rifiutata di accompagnarla. Sara si era allora rivolta al padre, il quale, desiderando passare un venerdì sera tranquillo, le aveva dato il permesso. A quel punto era scoppiata una lite tra i genitori e, benché Sara alla fine avesse ottenuto di andare alla festa, per qualche giorno in casa l'atmosfera era rimasta pesante.

Dentro di sé, Sara sapeva che la madre non aveva tutti i torti a nutrire dei dubbi sulla festa. Benché non fosse contenta della decisione di sua madre, se il padre si fosse allineato, Sara se ne sarebbe quasi sicuramente fatta una ragione (non prima di aver messo il muso, chiaro). Invece si era ritrovata a essere la causa involontaria di un conflitto tra i genitori, e si sentiva inconsciamente colpevole.

Sara era arrivata così a pensare che se le decisioni dei genitori dovevano essere sempre causa di conflitti in famiglia, allora sarebbe stato meglio evitarle del tutto. In futuro, si disse, avrebbe fatto meglio ad andare alle feste senza chiedere il permesso a nessuno.

È importante non dimenticarsi che, come tutti i settori, anche quello della ribellione non esiste in un vuoto. Interagisce con gli altri settori del cervello e si attiva solo in risposta a determinate provocazioni. La persona ribelle risponde in modo diverso a seconda dei diversi livelli di opposizione che incontra. L'opposizione di un bambino piccolo può benissimo non attivare la tendenza ribelle di una persona più grande, cosa che invece può facilmente accadere quando a opporsi è un suo pari o un'autorità. È per questo che, in ultima istanza, una persona che possiede un autentico spirito di ribellione lavorerà al meglio in totale autonomia o in cima alla scala gerarchica. Oppure imparando che ci si può fidare delle decisioni di un superiore.

**Case study: Il ribelle silenzioso**

Un amico di Jude gli chiede: «Vieni a pranzo domenica?». «Certo» risponde lui, «a che ora?» «All'una in punto» gli dice il suo amico. «Perfetto» risponde Jude e poi domenica si presenta con un'ora di ritardo.

La compagna di Jude gli chiede: «Cosa vuoi fare oggi?». «Quello che preferisci» le risponde lui. «Andiamo in canoa con i bambini. Ricordati gli abiti impermeabili, fa freddo.» Jude arriva in orario ma in maniche di camicia, senza la tenuta impermeabile.

Il capo di Jude gli manda un'e-mail per avvisarlo che alle nove ci sarà una riunione. Jude gli risponde al volo: «Perfetto». Alle nove meno due, prende una telefonata "importante" che gli fa perdere la riunione.

Questo sopra descritto è l'esempio perfetto di un modo passivo-aggressivo di esprimere la propria ribellione che è difficile da definire e da gestire. È un sabotaggio passivo. La persona non è stata capace di dire: «A dire il vero non mi va di venire a pranzo domenica. Voglio uscire con la mia ragazza». Le persone che esprimono la ribellione in questo modo lo fanno perché non riescono a sopportare l'idea di creare una situazione conflittuale a parole, quindi riprendono il controllo in seguito con l'azione e comunicano aggressività in un modo che non è facile riconoscere.

### Se il codice del tuo spirito di ribellione è verde

Non hai una particolare tendenza subconscia a opporti o a resistere agli altri. Non diffidi istintivamente delle figure autorevoli e delle gerarchie, ma allo stesso tempo ti fidi della tua capacità di giudizio. Sei a tuo agio a ricevere istruzioni e nel giusto contesto non ti dà fastidio che ti venga detto cosa fare; sei felice di imparare dagli altri. Sai sposare il tuo buon senso alle raccomandazioni degli altri per arrivare a una decisione che è tutta tua.

*Lo spirito di ribellione nelle relazioni – verde*

Sei felice nelle relazioni nelle quali si collabora, dove le decisioni si prendono in coppia. Ma ti va bene anche quando, per ragioni di tempo o di competenze specifiche, a prendere una decisione devi essere tu o il tuo/la tua partner. Ti viene facile fidarti degli altri, senza però peccare di ingenuità.

APPROFONDISCI

- Sai ascoltare il parere del tuo/della tua partner ma poi le decisioni le prendi da te?
- Sai dare consigli senza poi offenderti se l'altra persona fa diversamente?
- A volte ti sembra che le tue relazioni siano fin troppo stabili?

CONSIGLI

- Non sottostimare quanto speciale sia questa tua qualità.
- È probabile che tu sia una persona che non si offende facilmente, ma ricordati sempre che gli altri potrebbero essere più suscettibili di te e che, quando comunichi con loro, potresti aver bisogno di usare maggior tatto di quanto non debbano usarne loro con te.
- Lascia spazio al tuo ribelle interiore di tanto in tanto. Non si sa mai, tu e il tuo/la tua partner potreste trovarlo divertente.

*Lo spirito di ribellione in famiglia – verde*

Grazie al tuo equilibrio in questo settore, sei nella giusta posizione per gestire al meglio i ribelli della tua famiglia. È probabile che tu sia ugualmente in grado di gestire i capricci dei nonni e la ribellione degli adolescenti, così come le sfide dei tuoi fratelli o sorelle. Ma, in ogni caso, presta attenzione alle tipologie di settori alle quali appartengono le persone che ti circondano.

APPROFONDISCI

- Non essendo veramente ribelle, per te è uno shock quando i tuoi figli si rivoltano?
- La coerenza è il tuo forte: cerchi di crearla anche per gli altri?
- Pensi che i tuoi figli adolescenti tendano alla ribellione esteriore o a quella interiore?

CONSIGLI

- Ricordati che il comportamento ribelle è una caratteristica determinante dello sviluppo e della crescita di un adolescente. Ripetitelo spesso.
- Cerca di comunicare agli altri ciò che ti permette di essere coerente, invece di esserlo e basta. I tuoi figli potranno così imparare da te.
- Aiutare i tuoi figli adolescenti a esprimere in parole la rabbia e l'amore che provano nei tuoi confronti può evitarti rancori futuri.

*Lo spirito di ribellione sul posto di lavoro – verde*

Sei un bravo impiegato. Le tue reazioni all'autorità sono equilibrate: partecipi in modo appropriato e rispondi bene ai feedback. Puoi gestire e a tua volta farti gestire senza sentirti compromesso. Fai però attenzione perché, pur di evitare un conflitto, tendi a far prevalere le opinioni degli altri.

APPROFONDISCI

- Sai accettare i consigli, arrivare a una tua decisione e valutare i rischi in autonomia?
- Può darsi che tu ti senta esasperato/a quando chi ti sta vicino non riesce a essere come te?

- Ti lascia perplesso quando gli altri ti sembrano incapaci di difendere la loro posizione o hanno preso una decisione controversa?

CONSIGLI

- Potresti essere geloso/a di chi riceve più attenzioni di te per via del suo comportamento ribelle.
- Sappi che potresti essere adatto/a a un lavoro organizzativo con una struttura chiara.
- Potresti dare il meglio di te con un mentore autorevole capace di insegnarti come gestire le persone combattive, energiche e aggressive.
- Potresti aver bisogno di forzarti un po' per farti ascoltare. Fai sentire più spesso la tua voce.

## Se il codice del tuo spirito di ribellione è blu

Non ti piace per nulla sentirti dire cosa devi fare. Spesso le persone ti dicono che sei provocatorio. A volte può giovarti dare sfogo a questa tendenza, ma sappi che, così facendo, corri il rischio che gli altri ti trovino ingovernabile e intransigente. Può risultarti molto difficile andare d'accordo con le persone che cercano di imporre delle limitazioni al tuo comportamento. D'altro canto, sei una persona energica, combattiva e sai essere divertente.

*Lo spirito di ribellione nelle relazioni – blu*

Con un blu in questo settore, è probabile che tu sia attratto/a dalle persone accondiscendenti, ma fai attenzione a non esagerare: se calchi troppo la mano, e di frequente, potrebbero uscire dal loro guscio ed esplodere.

APPROFONDISCI
- Ti fissi sulle cose che il tuo/la tua partner non vuole che tu abbia? E finisci con l'avere qualcosa che in realtà non ti interessava?
- Tendi a rifiutare automaticamente i suggerimenti che ti vengono dati?

Oppure
- Tendi a dire di sì alle cose in modo passivo-aggressivo, e poi fai l'opposto?

CONSIGLI
- Prenditi il tempo per riflettere con calma su ciò che desideri davvero invece di ribellarti automaticamente alle raccomandazioni del tuo/della tua partner o dei tuoi amici.
- Cerca di imparare a fare un passo indietro e a riflettere invece di rispondere con un "no" istintivo.
- Ricordati che può essere pesante per gli altri vivere in un ambiente ad alto numero di ottani e saturo di aggressività inespressa.

*Lo spirito di ribellione in famiglia – blu*
La presenza di uno o due ribelli in famiglia può fare molto per tenerne alta l'energia vitale, ma un concentrato di tipologie ribelli può invece sbilanciarne le dinamiche, andando così a creare continuamente situazioni conflittuali.

I genitori ribelli sono spesso molto bravi con i figli piccoli, ma quando questi entrano nell'adolescenza e cominciano ad andare in cerca di una propria autonomia è il genitore che deve ribellarsi ai figli; il che è molto difficile. Il genitore crede che il figlio si stia ribellando contro di lui, ma, a ben guardare, chi si sta ribellando a chi?

APPROFONDISCI

- Cerca di ricordarti com'eri da ragazzo: non ti fidavi dell'autorità e hai cominciato a ribellarti troppo presto?
- Reagisci male ai consigli dei parenti? Dei suoceri? Dei tuoi fratelli e sorelle?

Oppure

- Ti ribelli adottando un comportamento passivo-aggressivo o mostrando apertamente il tuo dissenso?

CONSIGLI

- Crescendo, hai imparato a non avere fiducia nelle autorità, ma adesso che sei adulto questa tua sfiducia può esserti d'ostacolo più che d'aiuto.
- Riconosci che i tuoi figli potrebbero essere come te. Cerca di capire se quando ti scontri con loro lo fai per proteggerli o se invece sei tu che ti stai ribellando a loro.
- Sii gentile con chi cerca di aiutarti. Impara ad accettare la mano tesa invece di morderla.

*Lo spirito di ribellione sul posto di lavoro – blu*

L'energia e la determinazione che uno spirito ribelle blu è in grado di generare sul posto di lavoro possono costituire una risorsa enorme per tutti. Tuttavia, il troppo stroppia.

Potresti incontrare difficoltà ad attenerti alle disposizioni e corri il rischio di essere considerato/a difficile da gestire. Molte persone che hanno un codice blu in questo settore finiscono per scegliere lavori in cui non devono rendere conto a colleghi o superiori.

APPROFONDISCI

- Sei consapevole del fatto che non ti piace sentirti dire quello che devi fare? Questo ti mette in situazioni in cui non vorresti trovarti?
- Sfrutti al meglio il tuo istinto imprenditoriale?
- Sapresti indicare un mentore del quale sei disposto a fidarti e i cui consigli metteresti davvero in pratica?
- Hai abbastanza coraggio da ammetterlo e scoprire che impatto ha il tuo comportamento sugli altri?

CONSIGLI

- Potrebbe piacerti lavorare in proprio. Considera seriamente la possibilità di abbracciare senza riserve il tuo spirito di ribellione e intraprendere una tua attività: la tua riluttanza ad accettare un “no” come risposta potrebbe portarti lontano.
- Chi possiede un forte spirito di ribellione trova difficile, per sua natura, fidarsi degli altri. Cerca qualcuno di cui ti fidi che sia in grado di metterti alla prova.

# 14. Autenticità

*Hai bisogno di sapere cosa pensano gli altri prima di prendere una decisione? Ti rifiuti categoricamente di prendere in considerazione le loro opinioni?*

*Oppure procedi spedito nella vita, indifferente all'opinione che gli altri si fanno di te?*

Fai di tutto per postare sui social foto "perfette"? Fai figurare i tuoi veri interessi sui social, o quelli che pensi ti facciano fare bella figura? Ti trucchi sempre prima di uscire di casa? Ti mordi la lingua se pensi che esprimere la tua vera opinione possa metterti in cattiva luce? Temi che una nuova relazione possa funzionare bene per qualche mese, ma che poi, quando l'altra persona comincerà a conoscerti per come sei veramente, andrà tutto male?

Questo settore del cervello riguarda il controllo della propria immagine e il modo in cui gli altri ci percepiscono. L'illusione di poter controllare la mente di un'altra persona, così da farle pensare solo quello che vogliamo noi.

### Da dove viene l'autenticità

Dopo la morte della madre, il grande psicanalista Wilfred Bion, ormai anziano, ha scritto un libro particolarmente interessante. Lì, Bion introduce l'idea del "falso io" e racconta di come fin da piccolo avesse capito che sua madre era una donna troppo fragile per poterlo accettare com'era veramente. Di conseguenza, aveva dovuto nascondere il suo vero io e crearne uno falso, così che lei vedesse solo la sua parte buona. Bion pensava che, se le avesse mostrato anche quella parte di sé che riteneva cattiva, lei non avrebbe retto. È esattamente questa combinazione di fragilità e controllo in un genitore a creare un bambino che sente il bisogno di nascondere parti della propria personalità. In situazioni del genere il bambino impara a nascondere il suo vero io sempre più in fondo dentro di sé, creando una facciata da presentare al mondo. Crescendo, non capisce come mai gli sia tanto difficile relazionarsi con gli altri: se lui è così buono, perché nessuno gli si avvicina veramente? Perciò si controlla ancora di più, perché pensa che forse gli altri vedono ancora qualcosa di sgradevole in lui, e questo genera una spirale che lo porta a una perpetua disconnessione da se stesso.

Alcuni manifestano quest'insicurezza cercando di apparire sempre perfetti, altri diventando obesi o coprendosi di tatuaggi e di piercing. Uno dei loro scopi subconsci è diventare invisibili nascondendosi dietro una facciata. Queste forme di controllo arrivano a modificare la pelle che ci contiene e ci tiene assieme, a volte in modo creativo e altre, invece, in modo distruttivo. È un modo di mostrare al mondo, senza bisogno di usare le parole, che la tenuta del nostro intero essere è precaria, che sentiamo di non riuscire a stare assieme, che potremmo esplodere da un momento all'altro.

Ci sono svariati modi di rendersi invisibili. La strategia

più comune, benché spesso inconscia, è quella di cercare di controllare come ci vedono gli altri. La fragilità di un genitore può essere palese, in modo particolare quando si tratta di fragilità fisica, dovuta a problemi di salute. Ma molto più spesso si tratta di fragilità mentale. All'esterno il genitore può sembrare molto sicuro di sé, ma il bambino sente istintivamente che quella sicurezza ostentata è costruita su fondamenta fragili. Il genitore può però riuscire a nascondere al mondo la propria debolezza e questo manda in crisi il bambino perché lui la vede, ci convive quotidianamente, ma nessun altro la riconosce. Il vero carattere della famiglia, in genere una miscela di cose buone e di cose che non vanno bene, come nella maggior parte delle famiglie, viene così celato al mondo esterno dietro una facciata di perfezione. A questo il bambino può reagire con un comportamento estremo e imprevedibile, che renda evidente anche all'esterno le difficoltà che ci sono in famiglia. Oppure, in alternativa, può imparare anche lui a mettere in piedi una facciata, nei confronti del mondo ma anche dei genitori stessi, così da nascondere ancora di più i problemi e le ansie. In altre parole, diventare sempre meno "autentico".

Questo meccanismo di sopravvivenza può funzionare finché si è giovani, ma quando si cresce le cose si complicano. Se non ci mostriamo agli altri, come facciamo a entrare in relazione con loro? Se non smettiamo di provare a controllare il modo in cui ci vedono gli altri, è probabile che riusciremo a entrare in relazione solo con chi desidera essere controllato, anche se poi avrà i suoi metodi per controllare noi. Il controllo e la compiacenza sono due facce della stessa medaglia, entrambi mirano a far sì che gli altri non vedano chi siamo davvero. Certe persone non riescono a mostrarsi per quello che sono perché, inconsciamente, pensano che al mondo non piacerebbero, e di conseguenza non riuscirebbero a ottenere dagli altri il tipo di risposta che desiderano. In altre parole, temono di essere respinti.

Una persona che controlla in modo ossessivo la propria immagine può sviluppare antenne particolarmente sensibili alle risposte degli altri, così da modificare il proprio comportamento in base a esse. A costui può sembrare che, così facendo, stia dando agli altri la possibilità di avere una parte attiva nell'interazione, quando in realtà sta solo cercando di controllare il modo in cui viene percepito. Questo continuo monitoraggio di sé è sfiancante per chi sta cercando di controllare le cose e frustrante per chi viene manipolato, perché sente che gli viene mostrata solo una parte di chi ha davanti e si rende conto che non riuscirà mai a entrare in contatto con l'io autentico di quella persona. Benché ci si possa anche trovare bene in compagnia di questo genere di persone, si farà sempre fatica a integrarle nella propria cerchia stretta di amici.

Le parti più "caotiche" e "sgradevoli" di una persona possono essere celate in vari modi. Alcuni imitano chi hanno davanti, per apparire amichevoli e in sintonia. Altri mettono in piedi un teatrino spettacolare per distogliere l'attenzione dal loro vero io, per esempio vestendosi con abiti sgargianti, riempiendosi di piercing e tatuaggi, o ricorrendo alla chirurgia estetica. Altri ancora lo fanno mettendo in mostra solo la parte peggiore di sé, nascondendo così la normale miscela di buono e cattivo che in genere ci caratterizza tutti quanti. Tra questi ultimi, per esempio, ci sono i bambini che a scuola si comportano come se non fossero in grado di imparare niente, benché l'insegnante veda benissimo che in realtà sono intelligenti. Può darsi che lo facciano perché non vogliono apparire migliori di un fratello o di una sorella, o perché sperano che dando l'impressione di essere stupidi nessuno li infastidisca. Sia come sia, l'effetto a cui puntano è sempre lo stesso: sviare le persone che hanno davanti in modo che non capiscano quanto sono intelligenti.

**Case study: Il ragazzino che nasconde la sua intelligenza**

Un insegnante ha in classe un ragazzino scontroso che si presume abbia difficoltà di apprendimento. Un giorno l'insegnante fa una domanda di matematica particolarmente difficile su quanti soldi vincerebbero se facessero una determinata scommessa in rapporto a un dato montepremi. La domanda accende l'interesse del ragazzino, che senza pensarci su due volte dà la risposta corretta. A quel punto, l'insegnante lo guarda, punta due dita verso i propri occhi e poi verso quelli dello studente: beccato! Il vero io dello studente è stato visto dall'insegnante, e ora si può cominciare a lavorare sul serio.

Quello che da bambini inizia come un mero meccanismo di sopravvivenza continua a condizionare le nostre relazioni anche nella vita adulta. A un certo punto ci facciamo l'idea che ciò che siamo davvero, dentro di noi, è esattamente ciò che non piace agli altri. Quindi smettiamo di mostrarci per come siamo veramente. Tuttavia, con l'esperienza, la maggior parte di noi impara che chi ci è vicino ci accetta nel bene e nel male. E così a mano a mano che cresciamo ci mostriamo sempre più per come siamo. Ci sentiamo bene nei nostri panni. Siamo quello che siamo, indipendentemente da chi abbiamo attorno.

PUNTI DA CONSIDERARE

- Nella tua infanzia c'era un adulto fragile che sentivi di dover proteggere? Pensi che questo abbia avuto un impatto a lungo termine sul modo in cui ti relazioni con gli altri?
- Cerca di essere te stesso con i tuoi figli. Cerca di non crollare troppo spesso davanti a loro; analogamente, è però importante che tu riesca a mostrare loro che puoi essere vulnerabile ma che puoi riprenderti, che puoi essere triste ma che alla fine tornerai a sorridere. Così si sentiranno meno soli nei loro alti e bassi emotivi. Non tenderanno ad assumersi colpe che non hanno.
- Lascia che i tuoi figli si mostrino in tutte le loro sfaccettature (possono essere deboli, confusi, meravigliosi, disponibili, normali) senza reagire in modo sproporzionato. Cerca di notare se ci sono alcune emozioni dei tuoi figli che non riesci a sopportare; per esempio, se non tolleri di vederli tristi. Cerca di essere onesto/a. Condividi le tue risposte emotive in modo da far sentire loro che possono esprimersi pienamente senza il timore di sconvolgerti.

## L'autenticità nella vita quotidiana

Esercitiamo tutti un certo controllo sulla nostra immagine, perché ci portiamo dentro fin dalla nascita il desiderio di piacere agli altri e di essere amati. Ma ci sono dei gradi: tutti tiriamo dentro la pancia quando ci scattano una foto, ma non tutti sentiamo il bisogno di sottoporci a diete massacranti per dimagrire. Un conto è postare sui social solo gli scatti in cui veniamo meglio, un altro è postare delle foto che danno di noi un'immagine completamente diversa dalla realtà, e poi evitare di incontrare gli altri di persona perché altrimenti se ne accorgerebbero.

Le persone con un'autenticità verde tendono a mostrarsi sempre allo stesso modo e a stabilire dei confini netti: sanno chi sono e se qualcuno cerca di indurle a fare cose che non vogliono fare sanno rispondere in modo chiaro: «Grazie, ma non fa per me».

Le persone con un'autenticità blu tendono invece a essere incostanti e si presentano in modi diversi a seconda delle persone con cui si trovano. Sono camaleontici e modificano la propria personalità per incontrare il favore del pubblico che di volta in volta hanno davanti. Di conseguenza, possono essere in difficoltà a un matrimonio, o ad altri eventi simili che riuniscono i loro diversi gruppi di amici sotto lo stesso tetto. Dato che non sono mai sicuri di loro stessi, tendono a stabilire confini meno chiari: si lasciano trascinare in situazioni difficili nelle quali si trovano al di fuori della loro zona di comfort. E così, dopo essersi scottati le dita, possono ritrovarsi a compiere sforzi ancora più grandi per esercitare un ulteriore controllo sul modo in cui vengono visti dagli altri.

Alla lunga, la continua manipolazione subconscia della propria immagine diventa estenuante. Non solo per le persone che la mettono in pratica ma anche per quelle che ne sono oggetto: amici, colleghi e partner devono perennemente sforzarsi per capire con chi hanno davvero a che fare. Le persone blu in questo settore sono mosse dal desiderio subconscio di nascondere quei tratti della propria personalità che pensano possano risultare sgradevoli, ma nei fatti il loro comportamento rende ancora più inaccessibili agli altri il loro io più autentico, e quindi più amabile.

## Se il codice della tua autenticità è verde

Sei a tuo agio con te stesso/a e ti mostri per quello che sei. Non sei spinto/a dal subconscio a controllare cosa rivelare o meno di te o a manipolare il modo in cui gli altri ti percepiscono. Ti senti bene nella tua pelle. Le altre persone tendono ad accorgersi che ti mostri per come sei e ti considereranno una persona genuina.

*L'autenticità nelle relazioni – verde*
Sei una persona che gode di una solida autostima, centrata nelle proprie convinzioni e, di conseguenza, onesta con gli altri. Sai abbassare la guardia già durante le prime fasi di un'amicizia o ai primi appuntamenti, sia online che di persona. Farai meno fatica di altri a proseguire nelle relazioni perché non dovrai impegnarti costantemente a controllare il modo in cui l'altra persona ti vede. Essendo una persona onesta rispetto a ciò che sei, sarai probabilmente attratto/a da altre persone che puoi leggere facilmente.

APPROFONDISCI

- Ti senti a tuo agio nella tua pelle?
- Non dovendo controllare come ti vedono gli altri, ti serve meno energia per avanzare nella vita.
- Chiedi agli altri quando hai l'impressione che ti sfugga qualcosa?

CONSIGLI

- Ricordati che non tutti sono aperti quanto te. Le apparenze a volte ingannano.
- Anche se essere "autentici" è una cosa meravigliosa, stai però attento/a se non ti viene mai voglia di vestirti bene per qualcuno che ti ama comunque tu sia, ma che di tanto in tanto ha bisogno di sentirsi speciale.
- Tendi a farti vedere per come sei, e gli altri vedono che sei genuino/a, ma chi si nasconde potrebbe esserne alquanto intimorito perché questo ti rende una persona difficile da controllare.

*L'autenticità in famiglia – verde*

Le persone con un codice verde in questo settore non hanno dovuto proteggere un genitore o un/una amante fragile (o apparentemente tale), e questo ha permesso loro di imparare a crescere ed essere ciò che sono. Imparano, per esempio, che possono perdere la calma e poi riconquistarla, e che l'altra persona può accettarlo, senza reagire in maniera violenta o esserne distrutta.

La tua fiducia in te stesso/a fornisce un fondamento alla tua famiglia, facendola sentire al sicuro. Sii comprensivo/a verso chi invece è più fragile di te e sente il bisogno di proteggere la propria immagine.

APPROFONDISCI

- Sapresti dire chi nella tua famiglia è meno a suo agio di te nel mostrarsi apertamente per ciò che è?
- Quanto lo aiuti a farlo?
- Ci sono delle parti di te che nascondi al tuo/alla tua partner? Ai tuoi genitori? Ai tuoi fratelli e sorelle?

CONSIGLI

- Rassicura i tuoi familiari più vulnerabili facendo sentire loro che sono persone meritevoli di essere amate.
- Non smascherarli di fronte agli altri.
- Rispetto al tuo/alla tua partner, non dimenticare, nella tua autenticità, che un po' di commedia e un po' di dramma possono essere divertenti.

*L'autenticità sul posto di lavoro – verde*

La tua capacità di presentarti per come sei ispirerà fiducia in chi ti sta attorno e ti aiuterà a progredire nella carriera. I colleghi si accorgeranno subito che sei una persona limpida, e per questo saranno capaci di fidarsi delle tue risposte schiette e accetteranno il tuo aiuto sia nei loro successi che nei loro fallimenti.

APPROFONDISCI

- La tua capacità di essere sempre te stesso/a ti aiuta a gestire i capricci dei colleghi?
- Sei bravo/a a fidarti del tuo istinto e, allo stesso tempo, essere oggettivo/a quando assumi qualcuno?
- I tuoi colleghi fanno affidamento su di te?

CONSIGLI

- La tua impalcatura interiore è molto stabile: non dimenticare che riuscirai a trovarti bene in diversi ambienti.
- Probabilmente assumi persone molto giudiziose. Ricordati però che certi compiti richiedono individui con più estro, anche se poi sono difficili da controllare. Una persona autentica sa comunque gestire bene la diversità.
- In genere apprezzi che le persone facciano affidamento su di te, ma a volte la cosa ti fa arrabbiare. Non dimenticarti di comunicare agli altri che la tua solidità non va data per scontata.

### Se il codice della tua autenticità è blu

Tendi a nascondere la tua vera personalità e nel subconscio nutri il desiderio di controllare il modo in cui ti vedono gli altri. Questo non vuol dire che manipoli scientemente le persone, significa solo che vuoi sapere sempre quale immagine di te proietti all'esterno. È una pratica che in certe situazioni può tornarti utile: distacco e riserbo a volte aiutano. Tuttavia, monitorare e modificare la propria immagine in continuazione, invece di essere semplicemente "se stessi", alla lunga può rivelarsi mentalmente estenuante.

*L'autenticità nelle relazioni – blu*

All'inizio di una relazione o di un'amicizia, che sia online o di persona, la maggior parte di noi ci mette un po' di tempo prima di riuscire a mostrarsi per come è. Tuttavia, se sei blu nel settore dell'autenticità ci impiegherai molto di più rispetto ad altri. Man mano che le tue relazioni progrediscono e diventano più stabili, il tuo/la tua partner e i tuoi amici potranno avvertire la sensazione che non sei sempre autentico/a con loro, in modo particolare quando comincia a instaurarsi una certa intimità. Per chi ti sta vicino, cercare in continuazione di capire chi sei davvero potrebbe diventare stancante.

Chi possiede questa caratteristica avrà bisogno di sviluppare la sicurezza e la fiducia necessarie per cominciare a farsi vedere per quello che è. Dovrà capire che, nonostante tutte le sue imperfezioni, rimane sempre e comunque una persona amabile. Dopotutto, se fossimo davvero perfetti, gli altri troverebbero molto difficile volerci bene perché si sentirebbero inadeguati!

APPROFONDISCI

- Quanto pensi che il tuo/la tua partner o i tuoi amici ti conoscano davvero?
- Credi che il tuo/la tua partner tenga nascoste delle cose di sé? Quali?
- I tuoi amici hanno delle pecche e delle imperfezioni che te li rendono più accattivanti?

CONSIGLI

- Cerca di sviluppare la sicurezza e la fiducia necessarie per cominciare a capire chi sei davvero, e quindi a mostrarlo.
- Invece di spingere gli altri a essere vulnerabili, cerca di capire in che modo puoi essere vulnerabile tu per primo.

- Riconosci che, per il tuo/la tua partner e i tuoi amici, le imperfezioni e le vulnerabilità possono essere i tuoi aspetti più attraenti, indipendentemente da come la vedi tu.

*L'autenticità nella famiglia – blu*

I tuoi familiari sono le persone che hanno passato più tempo a stretto contatto con te ed è quindi facile che siano anche quelle che ti conoscono meglio. E questo può aiutarti, o spaventarti, a seconda delle esperienze che hai fatto. Il tuo codice blu potrebbe esprimersi maggiormente quando temi di essere rifiutato/a.

APPROFONDISCI

- In famiglia, senti di doverti nascondere dietro una facciata? Con chi in particolare? I suoceri? I figliastri?
- Quali aspetti di te cerchi di nascondere?

Oppure

- A volte ti capita di diventare più arrogante di quanto vorresti, e ti vanti di aspetti della tua vita che non sono belli quanto credi?

CONSIGLI

- Se hai bisogno di sapere cosa pensa un'altra persona prima di prendere una decisione, significa che hai delle difficoltà a mostrarti per come sei. Prova a chiederti cosa vuoi e di cosa hai bisogno. Se la vergogna che provi al solo pensiero ti paralizza, potresti aver bisogno di aiuto per superare questa condizione. Se invece ti fa solo sentire ansioso/a, prova almeno una volta al giorno a prendere una decisione prima di sapere cosa ne pensa l'altra persona.

- Cerca di non nasconderti dietro al tuo fascino, al peso, al trucco perfetto, al tuo intelletto, alla professionalità, al tuo ruolo, anche se le conseguenze di essere visibile possono spaventarti.
- Pensi sia più sicuro presentarti meglio di come sei veramente, ma gli altri spesso se ne accorgono comunque, e potrebbe valere la pena cercare aiuto per rifletterci sopra a dovere.

*L'autenticità sul posto di lavoro – blu*

Se ti preoccupassi meno dell'immagine che proietti all'esterno, daresti maggiori possibilità al tuo vero potenziale di crescere ed essere notato. Avresti più energie: mantenere le difese alzate è faticoso. D'altro canto, essere consapevoli del modo in cui ci si presenta sul posto di lavoro può avere risvolti positivi.

**Case study: L'autenticità negli appuntamenti online**

«Cerchi l'amore? L'onestà è la mossa vincente» (rivista «Grazia»).

È rassicurante vedere che i dati rilasciati da una app di incontri mostrano come gli utenti che si presentano in modo onesto ottengono più riscontri degli altri. L'app ha creato delle etichette che permettono agli utenti di ammettere fin dall'inizio che vivono ancora con i genitori, per esempio, o che sono dei forti bevitori – due segnali di allarme – e hanno scoperto che chi le ha usate ha avuto più successo di chi invece è stato più avaro di informazioni. Così salta fuori che in realtà online non vogliamo incontrare la persona "perfetta", vogliamo semplicemente incontrare qualcuno di autentico.

APPROFONDISCI

- Tieni la guardia sollevata per evitare che i colleghi possano vedere il tuo vero io?
- I dissensi con i colleghi ti irritano? O trovi che siano utili?
- I rapporti di lavoro ti costano più fatica di quanto non dovrebbero?

CONSIGLI

- Quando i rapporti con gli altri si fanno più stretti potresti temere di essere rifiutato/a. Cerca di pensare, invece, che queste persone desiderano entrare in contatto con te.
- A volte, dentro di te, puoi sentirti molto solo/a sul posto di lavoro. Non c'è niente di male a cercare uno specialista che ti aiuti a capire come mai gli altri facciano fatica ad avvicinarsi a te.
- Essere sempre sulla difensiva è estenuante: cerca di lasciarti andare un po' di più, abbassa la guardia, mettici più energia.

# 15. Dipendenza

*Cerchi sostegno emotivo? Hai sempre bisogno di approvazione, di qualcuno che ti dica che sei piacevole, che hai fatto un buon lavoro, che i tuoi figli sono felici, perché non sapresti dirlo da te? O, al contrario, non chiedi mai aiuto?*

*Oppure sai chiedere le giuste attenzioni agli altri senza farli impazzire?*

Quante possibilità ci sono che tu assuma una persona che si presenta così nel suo curriculum?

- Non so prendere una decisione senza aver ricevuto prima l'approvazione del capo o dei colleghi.
- Avrò bisogno di conferme a ogni fase del lavoro che sto svolgendo.
- Una volta finito il lavoro, avrò bisogno di essere ringraziato e riempito di complimenti.

E se poi ci fosse scritto anche:

- Sarò sempre di sostegno ai colleghi più giovani e farò di tutto per aiutarli a crescere.

Una persona simile incarna perfettamente le due facce del dominio blu della dipendenza: un'impellente necessità di ricevere approvazione, unita a una grande capacità di aiutare gli altri a crescere.

## Da dove viene la dipendenza

La dipendenza è uno stato mentale di bisogno. È una regressione a quell'età inconscia nella quale non abbiamo ancora sviluppato un'impalcatura interiore che ci permetta di consolarci da soli in modo adeguato. Regrediamo a un livello nel quale abbiamo bisogno di un'altra persona che ci dica se, sul piano emotivo, stiamo bene o no. Il periodo cruciale per lo sviluppo di questo settore va dalla nascita ai due anni di vita, quando un bambino è completamente dipendente dagli altri, senza i quali non sopravvivrebbe. All'inizio, in assenza di comunicazione verbale, chi si prende cura di un bambino può solo intuire telepaticamente ciò di cui ha bisogno. Un bambino di quell'età non può dire: «Ho fame». Piange, e i genitori devono interpretare i segnali e procurargli il cibo. Urla, e i genitori lo cullano e lo rassicurano: «Va tutto bene, il mal di pancia ti passerà. Lo so che ti fa male».

I bisogni di un bambino sono relativamente semplici: cibo, calore, presenza dei genitori. Quando cresce, però, i suoi bisogni diventano via via più complessi e diversificati, e il bambino impara ad assumersi la responsabilità di comunicarli in modo più articolato. E abbastanza presto impara anche a richiedere l'approvazione degli adulti. I giochi creativi e il disegno hanno un ruolo importante. Inizialmente, l'interazione tende a svolgersi sulla falsariga del genitore che commenta: «Che bel trattore che hai disegnato!», con il bambino che risponde: «No, è una giraffa». In questo stadio, il bambino ha bisogno di qualcuno che veda e approvi ciò che ha disegnato, per quanto incomprensibile possa essere. Più il bambino cresce e si sviluppa, più la responsabilità di rendere chiaro agli altri (genitori, insegnanti, fratelli e sorelle) ciò che ha disegnato, o com'è andata la sua giornata, ricade su di lui. In altre parole, impara a fare le sue valutazioni del mondo e a comunicare agli altri lo stato mentale in cui si trova.

La dipendenza entra in gioco nella fase in cui il bambino vuole che i genitori lo capiscano per via telepatica. Non vuole dover dire: «Ho fame», vuole che il genitore lo capisca da solo e che il cibo sia lì nel momento in cui ha appetito. Non vuole aspettare, non vuole che ci sia uno iato tra desiderio e soddisfazione. È uno stadio appena dopo le grida e appena prima che s'impari a mettere in parole ciò che si desidera. Il genitore deve indovinare. Quando il bambino comincia a sviluppare la capacità verbale necessaria per esprimere i propri bisogni in modo più chiaro, comincia anche a rendersi conto che questi non vengono immediatamente soddisfatti. Lo scarto tra il momento in cui chiede una cosa e il momento in cui questa gli viene data aumenta sempre di più. Il lavoro o le faccende domestiche si mettono di mezzo: «Scusa, ma devo finire questo resoconto, poi vengo a giocare», «Devo riparare la macchina, poi ti porto al parco». Stranamente, le persone con un codice blu in questo settore sono predisposte a rinunciare alla gratificazione. Da parte sua, il bambino può cercare di aggirare il problema, finché non impara che questo modo di fare può ritorcersi contro di lui: nasconde le chiavi della macchina, ma poi il genitore ci mette così tanto a trovarle che alla fine la gita al parco deve essere annullata.

È perfettamente normale che questa condizione mentale persista, ma lo stato verde è quello nel quale in buona parte la si supera. L'adulto comprende non solo che deve comunicare agli altri ciò che desidera, ma anche che le sue richieste potrebbero non essere accolte, perché sono esagerate o semplicemente perché l'altro, pur volendo, non è in grado di soddisfarle.

Procedendo lungo tutti gli stadi di sviluppo troviamo sempre più parole da utilizzare ma, allo stesso tempo, non perdiamo mai veramente l'istinto di mostrare invece di dire. Quante volte abbiamo detto ai nostri figli: «Cosa c'è?, dimmi» perché, invece di spiegare a parole quello che sentono, ce lo mostrano soltanto?

Se siamo emotivamente deprivati, ci manca spesso il vocabolario adeguato per esprimere questa condizione, perché è molto difficile dare un nome a ciò che proviamo. Meno parole riusciamo a trovare, più regrediamo a uno stato preverbale. E più giovane è la nostra età inconscia, più rischiamo di scivolare in basso lungo la scala dello sviluppo. Se invece stiamo bene emotivamente, troviamo le parole per esprimere la nostra condizione. Più il nostro linguaggio emotivo è connesso a noi, più siamo in grado di risalire la scala dello sviluppo quando qualcosa ci fa scivolare in basso. Per stare bene, è meglio avere dieci parole che corrispondano al nostro stato mentale che averne mille disconnesse dal nostro vero io.

Il problema nasce quando, per qualsiasi ragione, i genitori non riescono a svolgere bene il loro ruolo. In quel caso, i figli devono farsi carico di responsabilità che non spetterebbero a loro. E un bambino che si assume responsabilità sproporzionate rispetto alla propria età corre il rischio di sentirsi abbandonato o trascurato, e per compensazione potrà poi riversare le attenzioni che non ha avuto su un fratello o una sorella minori, prendendosi cura di loro; non è che un modo piuttosto comune di aggirare il proprio dolore. O, al contrario, potrà diventare estremamente autosufficiente: seppellirà i propri bisogni in profondità, ma questi, quasi certamente, prima o poi riemergeranno.

Alla base di tutto ciò sta il fatto che il bambino crede che il genitore sia un'estensione della propria persona, e debba quindi sapere per via telepatica cosa dire e quando. E a meno che il genitore non dica l'esatta parola che il bambino ha in mente, gli avrà dato una delusione. Non avrà soddisfatto il suo bisogno. Quella parola che il bambino ha bisogno di sentire non è in grado di dirla, essendo ancora in uno stato preverbale. Questo complica i suoi sentimenti e gli fa avvertire ancora di più il bisogno. Si sente incompreso.

Anche essere troppo disponibili può avere delle ripercussioni, perché il bambino emulerà il genitore. Se il genitore crede che avere del tempo per sé sia un suo diritto, lo crederà anche il bambino, ma se il genitore gli sta sempre dietro il bambino non imparerà a prendersi del tempo per sé. Anche se come genitori potrà farci soffrire, dobbiamo accettare che per il bambino è meglio che impari a dirci: «Bene, adesso gioco al Lego con i miei amici, ciao».

I bambini imparano copiando gli adulti. Li osservano, vedono come gestiscono i loro bisogni, e imparano a fare altrettanto: per esempio, il bambino che mette i suoi peluche in fila per servirgli il tè, oppure il bambino che mette a letto le sue bambole amorevolmente, cantando loro una ninnananna, o che parcheggia il suo trattore accanto al letto. Poi passa a prendersi cura, magari in modo un po' esuberante, dei fratellini, delle sorelline e degli animali domestici. Lo sviluppo di questo settore intreccia la capacità di assistere e rassicurare gli altri con il proprio bisogno di essere assistiti e rassicurati. Si è riscontrato che lo sviluppo insufficiente di una delle due caratteristiche viene compensato da un maggiore sviluppo dell'altra. Il bisogno e la cura degli altri vanno a braccetto. La sensazione che i propri bisogni non siano stati soddisfatti può indurre un'enorme empatia e desiderio di assistenza verso chi nutre lo stesso sentimento.

PUNTI DA CONSIDERARE

- Crescendo, ti sei sentito soffocato o troppo protetto? Solo tu o anche i tuoi fratelli o sorelle? Pensi che questo ti abbia condizionato?
- Se hai figli, ricordati che è normale che il tuo livello di attenzione nei loro confronti vari a seconda dell'età che hanno, di chi è più grande e di chi è più piccolo, dei tuoi impegni giornalieri. I problemi sorgono soltanto se si esagera con le attenzioni, o se si cambia improvvisamente atteggiamento senza dare spiegazioni e senza permettere che se ne parli in famiglia.
- Sii presente per il bambino che richiede maggiori attenzioni, ma non esagerare a spese degli altri figli. Soprattutto, dai tu voce al fatto che è normale che possano essere gelosi e che vogliano passare più tempo con te. Fai sentire che i loro sentimenti sono legittimi.

## La dipendenza nella vita quotidiana

Come abbiamo visto, nel profondo il bambino crede che il genitore capisca ciò di cui lui ha bisogno e che risponderà di conseguenza. E questo perché quando siamo piccoli crediamo che i nostri genitori siano un'estensione di noi stessi, capaci di intuire telepaticamente cosa dire e quando. Un codice blu nel settore della dipendenza indica una persona che si è portata dietro questa convinzione in età adulta, e per questo si aspetta che gli altri capiscano le sue aspettative e che intervengano per accarezzarla e rassicurarla. Tuttavia, benché pensi che questo sia normale, sappiamo tutti che non è così. Viviamo in un mondo nel quale ci si aspetta che per la maggior parte del tempo ciascuno si occupi di se stesso, e che si debba chiedere aiuto solo quando si hanno grossi guai.

Il settore della dipendenza, più che molti altri settori, è caratterizzato da fluttuazioni costanti tra stati di consapevolezza in cui si è capaci di valutare la propria condizione e, per esempio, stati di stanchezza e stress. Con un codice verde, di solito possiamo guardare il lavoro che abbiamo fatto e dire: «Okay, oggi è andata bene», oppure: «Non è proprio il massimo, dovrò rilavorarci domani». Ma in un giorno difficile potremmo aver bisogno di essere rassicurati da un collega o dal nostro capo. Allo stesso modo, nella vita familiare, con un codice verde tiriamo dritto, senza preoccuparci troppo delle nostre capacità genitoriali. Ma in una giornata storta potremmo chiedere l'opinione degli amici: «Ma che razza di genitore sono? Ho appena mandato a scuola mio figlio sapendo che non si sentiva bene». Chiediamo aiuto quando pensiamo di aver combinato un disastro o quando siamo sinceramente preoccupati di aver preso la decisione sbagliata. E sappiamo prendere bene la risposta: «In effetti, hai fatto di meglio». E sappiamo anche valutare lo stato in cui ci troviamo: «Stamattina sono più ansioso del solito, meglio fare due chiacchiere con qualcuno».

I blu hanno invece sempre bisogno di conferme: «Cosa ne pensi? Ho fatto bene?». Non sono però in cerca di critiche costruttive, chiedono carezze. Alcuni amici possono anche essere ben disposti a dargliele, ma quando la richiesta diventa eccessiva, in termini di tempo e impegno emotivo, potrebbero diventare meno disponibili. Inoltre, la dipendenza si fa più acuta quando è accompagnata dall'ansia. A quel punto è necessario l'intervento di un amico o di un familiare: «Lo so, ci sono passato anch'io, andrà tutto a posto» o: «Non va bene, molla tutto, vai a prendere tuo figlio a scuola e riportalo a casa». Abbiamo tutti bisogno di conferme ma, come in ogni settore, è una questione di misura. Non dobbiamo dimenticarci che l'eccessiva dipendenza dagli altri, o sentire di non dipendere da nessuno, sono condizioni che in parte derivano dall'essersi sentiti molto soli in determinati momenti chiave della vita.

Prendiamo in considerazione l'ambiente lavorativo. Un manager si precipita in ufficio, annunciando: «Non dimenticatevi la riunione di domani, il progetto dev'essere sul mio tavolo per le nove». Il team ci ha lavorato tutto il giorno. Il verde risponde: «Benissimo. Allora a domani alle nove» e poi non ci pensa più. Il blu si agita. Perché il capo non ha detto: «Portatemi il progetto domani mattina alle nove, sono sicuro che avete fatto un lavoro eccellente, grazie»? Anche se magari si è complimentato del lavoro per sei giorni di fila, il fatto che non l'abbia detto anche il settimo giorno fa sì che il blu senta di non essere stato abbastanza accudito. Non riesce a vedere che quel manager è, generalmente, un capo premuroso, che però in quel particolare giorno era molto preso e si aspettava che i suoi impiegati se la cavassero bene anche da soli.

Ovviamente, i manager che non aiutano i propri impiegati a crescere sono parecchi e le persone bisognose di attenzioni con loro non si trovano bene; al punto che spesso si fissano su questa tipologia di capi a riprova del fatto che tutti quelli che rivestono ruoli di autorità genitoriale fanno schifo, che tutti i capi fanno schifo. Non è che la pubblica esibizione di una propria mancanza: si vuole informare il mondo intero che si è stati (e si è tuttora) trascurati dai genitori, reali o metaforici.

In ambito domestico, molti si identificheranno nella tendenza delle coppie, alla fine di una lunga giornata, a scendere in competizione su chi dei due ha più bisogno di attenzioni e di cure.

A: «Sei arrivato a casa e non ti sei nemmeno accorto che ho avuto una pessima giornata. Ma come hai fatto a non vederlo? Sono ancora in pigiama e non ho nemmeno lavato i piatti. Come hai fatto a non capire subito che avevo bisogno del tuo supporto?»

B: «Mi dispiace, ero troppo stanco per vedere che sei ancora in pigiama e che la colazione è rimasta sul tavolo. D'ora in poi, cercherò di fare più attenzione.»

A: «Non riesco proprio a capire come hai fatto a non accorgertene.»

B: «Scusa, ma ho avuto una giornata orribile al lavoro,

il mio capo mi ha tartassato. Non lo vedi? Guarda a che ora sono rientrato, nervoso e distrutto.»

A: «E come facevo a saperlo? Non ti leggo nel pensiero. Torni spesso tardi.»

B: «Be', perché ho spesso delle giornate orribili! Faccio un lavoro difficile.»

In quel momento, entrambi sono come bambini bisognosi e per entrambi diventa molto difficile venirsi incontro e prendersi cura l'uno dell'altro. I verdi, spesso capaci di consolarsi da soli, riusciranno, anche se non sempre, a negoziare una via d'uscita dall'impasse: «Be', dai, facciamoci un tè, così tu mi racconti la tua brutta giornata e io ti racconto la mia». La forza dei verdi risiede nella loro capacità di valutare, in qualsiasi momento, il loro livello di stabilità emotiva: «Non è stata una buona giornata, ma non importa, sto bene lo stesso, non è una tragedia», oppure: «Oggi non gira proprio, meglio che io ne parli con qualcuno». I blu, invece, non riescono a farlo. E le cose, per loro, possono degenerare facilmente. Oppure la coppia può trovare il modo di arginare la situazione sul momento, ma entrambi dentro di sé sanno che si tratta di una soluzione provvisoria, che non potrà reggere a lungo, e nessuno dei due si sentirà al sicuro e felice. Sono come due bambini quando si rassicurano a vicenda dicendo: «Non preoccuparti, arriverà presto qualcuno. Non piangere, vedrai che arriverà».

Una variante di questa dinamica può crearsi tra un genitore blu nel settore della dipendenza e i figli adolescenti. Il genitore rientra a casa stanco dopo una dura giornata di lavoro e trova il figlio adolescente seduto al tavolo in cucina (attaccato al telefono). Il genitore dice: «Mi piace molto quando ceniamo insieme». Il figlio risponde: «Sì, anche a me. Posso uscire, adesso?». Il genitore è in un momento di bisogno, che non sa gestire da solo, e vuole che il figlio tappi il buco. Si aspetta che il figlio intuisca che in quel momento vorrebbe la sua compagnia. Si dimentica che gli adolescenti a volte hanno bisogno di fare le loro cose e non si può pretendere che siano empatici.

### Se il codice della tua dipendenza è verde

Non ti serve cercare a tutti i costi l'approvazione degli altri per sapere che vali qualcosa. Benché ti faccia piacere essere rassicurato, le tue richieste sono equilibrate. Nella maggior parte dei casi riesci a stare bene anche senza particolari conferme. Sai che ci sono giorni più stressanti di altri, e in questi frangenti non ti fai problemi a cercare aiuto e a chiedere consiglio.

*La dipendenza nelle relazioni – verde*
Benché le tue richieste di attenzione siano in genere equilibrate, nei momenti di stress potresti sentirti più bisognoso del solito e dovrai quindi imparare a comunicarlo a chi ti sta vicino. Non dimenticare che in questo settore le persone che a prima vista sembrano una l'opposto dell'altra tendono ad attrarsi. L'attrazione non sarà tra un verde e un blu, ma tra un blu troppo dipendente e un blu troppo poco dipendente; vale a dire tra due persone che differiscono esteriormente ma che hanno avuto esperienze simili, e le cui menti sono arrivate a due modi opposti di gestire il desiderio: il bisogno di attenzione e l'offerta di accudimento. Se hai bisogno di attenzioni, potrà senz'altro

capitarti di sentirti attratto/a da qualcuno/a che è sempre lì per te, ma vale la pena ricordarsi che chi è sempre lì per te appaga così il proprio bisogno senza doverlo esprimere apertamente. Accudisce per ricevere attenzione.

Una persona estremamente autosufficiente non fa affidamento sugli altri e quindi non ha bisogno di nessuno. Per questo tende a non instaurare relazioni basate sulla dipendenza e a stare per conto suo. Ma avvertire un po' di bisogno è una cosa molto importante. Tutti noi dovremmo sentire che un'altra persona è potenzialmente valida e che può avere qualcosa da offrirci. Per riuscire ad andare d'accordo con gli altri, a interagire, a fare concessioni è però necessario rinunciare a un po' della propria indipendenza.

APPROFONDISCI

- In genere sei soddisfatto/a del modo in cui le tue richieste di attenzione vengono accolte?
- Senti che valuti te stesso/a e il tuo/la tua partner alla stessa maniera?
- Pensi di contribuire abbastanza a rendere avventurosa la tua relazione?

CONSIGLI

- Generalmente, sai dare e ricevere attenzioni in uguale misura. Devi esserne contento/a.
- Se stai con qualcuno/a di simile a te, non hai bisogno di soppesare troppo attentamente il dare e l'avere, ma è forse il caso di farlo se invece il tuo/la tua partner è diverso/a da te.
- Fai attenzione a che l'intimità non porti alla noia: si fa in fretta a cadere nella routine.

*La dipendenza in famiglia – verde*

Non ti servono conferme eccessive dai tuoi familiari, ma avrai bisogno di qualcuno che ti rassicuri nelle situazioni difficili. Hai un atteggiamento sano nei confronti dei tuoi figli e permetti loro di crescere in autonomia e di staccarsi da te. Rispondi ai loro bisogni senza però soffocarli. Gli adolescenti vivono in una sorta di terra di nessuno, sospesi tra il bisogno disperato dei genitori e l'altrettanto disperato desiderio di non averli tra i piedi per poter essere totalmente autonomi. Passano in continuazione da un estremo all'altro. Sbattono la porta in faccia ai genitori e poi si siedono per terra dall'altro lato della porta, sperando in un abbraccio. Il lavoro dei genitori è quello di accettare il rifiuto dei figli senza rifiutarli a loro volta; e di rispondere ai loro bisogni anche quando non sono pienamente espressi.

APPROFONDISCI

- A chi ti rivolgi quando hai bisogno di conferme: ai tuoi genitori? Ai tuoi fratelli o sorelle?
- Hai un figlio che ha costantemente bisogno di conferme? Pensi di sapere perché?
- Le continue richieste di attenzione da parte dei familiari ti irritano?

CONSIGLI

- In genere gli altri ti vedono come una persona che sta bene. Potresti quindi avere bisogno di dire chiaramente quando ti serve essere incoraggiato e supportato.
- Quando i bambini richiedono attenzione, di solito c'è un buon motivo; è quindi giusto essere lì per loro.

- Potresti essere della generazione di mezzo tra genitori anziani e figli piccoli. Come ti fa sentire? Sei bravo a tenere tutto in equilibrio, ma cerca di riservare un po' di tempo per te.

*La dipendenza sul posto di lavoro – verde*
Sai cooperare con i tuoi superiori diretti. Sai dare il tuo contributo all'azienda senza prosciugare le energie del team con continue richieste di rassicurazione. Lavori bene anche da solo o in situazioni nelle quali non hai la possibilità di ricevere un continuo feedback positivo.

APPROFONDISCI
- Quali circostanze ti spingono a cercare l'approvazione degli altri?
- Sei paziente con i membri del tuo team che hanno continuamente bisogno del tuo incoraggiamento?
- Ti ricordi di ringraziare le persone che aiutano gli altri membri del tuo team a crescere?

CONSIGLI
- Avrai successo in posizioni di responsabilità.
- Ricordati che gli altri hanno più bisogno di te di essere rassicurati. Sii paziente con loro.
- Cerca le persone che sanno prendersi cura degli altri: la loro energia fa bene al team.

### Se il codice della tua dipendenza è blu

Hai costantemente bisogno dell'approvazione degli altri per sentirti sicuro di te. Ma il tuo bisogno di essere accudito va di pari passo con un'enorme capacità di accudire e supportare gli altri. È anche probabile che tu sia conscio di questa tua caratteristica.

*La dipendenza nelle relazioni – blu*

Quando una persona necessita di troppe attenzioni è come se fosse in un perenne stato infantile. Un bambino piccolo ha sempre bisogno che la madre sia lì per lui, e questo è normale. Ma quando si è adulti il desiderio che qualcuno sia sempre disponibile diventa troppo gravoso per gli altri. I nostri colleghi, i nostri superiori, i nostri partner non sono nostra madre. Fare da madre a qualcuno tutto il tempo può essere estenuante.

In una relazione, i blu che non ricevono abbastanza "carezze" possono diventare astiosi, invidiosi, ansiosi. Possono essere costantemente in cerca di conferme – vogliono sentirsi dire che sono amati, che non verranno mai abbandonati o respinti – e questo li conduce spesso in relazioni intense, a volte basate sulla dipendenza.

Stare sempre "appiccicati" può essere normale e carino all'inizio di una nuova relazione. È l'ubriacatura dell'amore romantico che dichiara: «Non ne ho mai abbastanza di te». Ma a lungo andare l'eccessiva dipendenza può essere spossante per l'altra persona.

I blu in questo settore possono essere partner e amici/amiche eccellenti, a patto che si dia loro il supporto necessario. Saprai quindi essere di supporto agli altri, ma a condizione che gli altri supportino te. In alternativa, è possibile che la sola idea di essere troppo dipendente da qualcuno ti spaventi a tal punto da farti reprimere ogni minimo desiderio di attenzione. In questo modo apparirai estremamente autosufficiente agli occhi degli altri, e questo potrà impedirti di entrare in relazione con persone che potrebbero darti un po' delle attenzioni, non tutte, di cui in realtà hai bisogno. Il rischio, in questo caso, è di sentirsi molto soli.

APPROFONDISCI

- Ti preoccupi troppo che il tuo/la tua partner stia bene?
- Diventi irrequieto se non vieni contattato quando te lo aspetti?
- A tutti noi fa piacere avere un amico che ci capisca al volo, senza dirsi nulla, ma bisogna stare attenti quando ci si aspetta che tutti quanti intuiscano telepaticamente ciò di cui abbiamo bisogno.

CONSIGLI

- Nei primi stadi di una nuova relazione, potresti avere la tendenza a travolgere il tuo nuovo/la tua nuova partner o potenziali amici. Fai attenzione se vuoi che il rapporto duri.
- Quando la relazione diventa più intima, impara a comunicare il tuo bisogno di essere rassicurato, invece di diventare ansioso/a e di provare rabbia, ansia o invidia.
- Fai caso a quando smetti di comunicare i tuoi bisogni in modo chiaro e diretto lasciando all'altra persona il compito di intuirli. Pensi di averli espressi e gli altri non reagiscono: «Devo dirvelo a chiare lettere cosa c'è che non va? Non lo capite da soli?». No, non lo capiscono.

*La dipendenza in famiglia – blu*

Nessuno sa prendersi cura degli altri come fai tu, sei il genitore che accudisce la sua prole. Ma chi pensa a te? Avrai bisogno di conferme e di approvazione da parte della tua famiglia, dovrai essere rassicurato sul fatto che stai facendo un gran lavoro, come genitore, figlio, figlia, fratello, sorella, o come membro della tua famiglia allargata.

APPROFONDISCI

- Quanto male ci rimarresti se non ricevessi gli auguri per il tuo compleanno?
- Hai spesso l'impressione che le tue buone azioni non vengano notate?
- Le attenzioni che riservi agli altri sono mai opprimenti?

CONSIGLI

- Troppe attenzioni sfiancano. Vedendo che ti prendi il tempo per fare le tue cose, i tuoi figli impareranno l'inestimabile lezione di badare a se stessi.
- Impara a congratularti con te stesso. Impara a darti da solo un feedback positivo per i tuoi successi in famiglia.
- Cerca di non far diventare i tuoi figli la valvola di sfogo del tuo bisogno di attenzione. Individua altri modi di soddisfarlo: una telefonata con un amico? Fai caso a quando ti succede di esagerare.

*La dipendenza sul posto di lavoro – blu*

Dai il meglio di te quando ricevi costanti conferme e rassicurazioni. I feedback positivi ti galvanizzano, ma potresti incassare male le critiche. Sai incoraggiare e aiutare gli altri membri del tuo team.

Tuttavia, fai attenzione a non diventare quel tipo di impiegato incapace di prendere decisioni senza aver prima ricevuto l'approvazione del proprio superiore o dei colleghi a ogni fase del progetto. Una volta che hai ultimato il tuo lavoro, cerca di renderti conto di quante conferme ti servono prima di essere veramente sicuro che sia fatto bene.

Una continua richiesta di approvazione e di "carezze" indica agli altri che non sai essere indipendente. Quando questo succede sul posto di lavoro, il tuo superiore sente che deve sempre essere lì per te. Il risultato è che ti considereranno inadeguato a ricevere una promozione perché non sai decidere in autonomia. Non ti verrà permesso di crescere e di dare prova di te stesso/a, e nemmeno di assumerti maggiori responsabilità.

APPROFONDISCI

- Faresti maggiori passi avanti se non ti stessi sempre guardando attorno in cerca di conferme?
- Vai in ansia quando il tuo superiore o i tuoi colleghi non si complimentano abbastanza con te?
- Sei a tuo agio anche quando non puoi consultarti quotidianamente, faccia a faccia, con il tuo capo?
- Potresti trovarti meglio in quegli ambienti lavorativi nei quali sono previsti riscontri e feedback su base regolare, piuttosto che in quelli dove sono sporadici e lasciati all'iniziativa personale.

CONSIGLI

- Impara a fidarti del tuo istinto per capire se hai fatto un buon lavoro.
- Cerca di fare una tua valutazione prima di chiedere a qualcun altro. Se questo ti getta nel panico, ricordati che sei all'altezza di chi ti ha preceduto e che hai la capacità di giudicare il tuo lavoro, e te stesso/a.
- O, al contrario, pensi che non ti serva mai aiuto? Se è così, ogni tanto, prova a sederti dal lato del passeggero. Ricordati che desideri e bisogni fanno parte del bello della vita, e non sottostimare la tua capacità di rimanere stabile anche quando chiedi aiuto: non ne uscirai indebolito.

# 16. Empatia

*Hai costantemente bisogno di sminuire le altre persone per paura di essere sopraffatto/a? Ti piace sentirti più grande o più potente dell'altro? Ti metti sempre in condizione di essere calpestato/a?*

*O sei abbastanza solido/a da poter empatizzare con gli altri senza temere di essere travolto/a?*

Prova a immaginarti nella seguente situazione: hai una forza lavoro di venti dipendenti. I limiti finanziari richiedono che uno di loro venga licenziato. Ce n'è uno che è stato costantemente meno produttivo degli altri. Sei però venuto a sapere che la sua famiglia è in difficoltà economiche. Tuttavia, è proprio lui/lei quello/a che licenzi. La domanda è: quanto bene dormi la notte?

## Da dove viene l'empatia

Questo settore si concentra sulla nostra capacità di identificarci e/o di entrare in empatia con le persone che ci circondano. In generale, una persona con un cervello empatico equilibrato avrà dei confini sufficientemente solidi per poter prendere decisioni difficili che riguardano gli altri, ma con la consapevolezza degli effetti che queste avranno.

L'empatia si ricollega a una delle parti iniziali del nostro percorso di sviluppo: il processo di separazione da nostra madre. Dopo nove mesi di nutrimento materno in utero, il cordone ombelicale viene reciso e il bambino deve sopravvivere come entità indipendente. Per i primi mesi, lo sguardo della madre si concentra quasi interamente su di lui, ma, a poco a poco, torna a posarsi su altri aspetti della vita. Di notte il bambino piange ancora in cerca delle sue attenzioni, lotta contro la separazione, ma gradualmente si rende conto che la madre ha anche altro da fare. Madre e bambino diventano così una coppia, non più un'entità unica.

Il nostro istinto genitoriale ci spinge a cercare di rendere la nascita e la separazione dal grembo materno meno traumatiche possibile. Fasciamo il bambino per ricreare l'atmosfera del grembo materno, lo coccoliamo e lo culliamo per farlo addormentare. Speriamo che i nostri figli crescano con un sano senso della propria persona, sicuri di sé e del proprio io. Ma a volte le circostanze non permettono che il processo di separazione sia graduale. Per esempio, una malattia della madre può portare a uno svezzamento molto brusco. O così anche l'arrivo di un nuovo fratellino a breve distanza, che fa sì che il primo figlio si senta messo da parte in tenera età.

Il modo in cui viene gestita la separazione dalla madre varia da persona a persona e, a seconda dei casi, ogni individuo si sentirà più o meno sicuro della propria identità. Tutti noi abbiamo una diversa capacità di identificarci/empatizzare con le persone che ci circondano. In generale, una persona con un settore dell'empatia equilibrato avrà dei confini sufficientemente solidi da permetterle di prendere decisioni difficili che riguardano gli altri, ma con la piena consapevolezza degli effetti che esse producono. La quantità e la qualità di attenzioni implicite nel suo processo decisionale verranno in genere riconosciute dagli altri, che la considereranno per questo una persona benevola e "capace di empatia". L'idea stessa della separazione è un qualcosa che, per natura, ci tocca nel profondo, e a volte può indurci a un'eccessiva identificazione con l'altro: possiamo arrivare a sentirci così simili da non accorgerci più che in realtà siamo due persone diverse, che affrontano le cose in modo diverso. Se poi ci tocca il compito di prendere una decisione particolarmente difficile, non siamo in grado di dissociarci completamente dall'effetto che essa avrà su di lui/lei. Nei casi più estremi, ci aspettano notti angosciate e insonni, durante le quali ci tormentiamo per le nostre azioni.

All'estremo opposto dello spettro, in particolare quando il processo di separazione dai genitori è stato eccessivamente traumatico e brusco, la paura di una separazione totale è così schiacciante da essere soppressa in modo subconscio. Chi si trova in questa condizione non ha alcun desiderio di empatizzare con il prossimo, e spesso non ne è nemmeno capace. Quando si tratta di prendere decisioni difficili, queste persone sono in grado di passare sopra gli altri come uno schiacciasassi senza battere ciglio, e forse persino di godere del loro potere.

PUNTI DA CONSIDERARE

- Fai caso a quante volte trasferisci le tue sensazioni sugli altri: «Mettiti il maglione» (perché hai freddo tu), «Devi mangiare qualcosa» (perché hai fame tu).

- Per aiutare il bambino a diventare sempre più indipendente, approva le sue decisioni quando pensi che sia sicuro farlo e aiutalo ad affrontarne le conseguenze. Per esempio, quando fa freddo, permettigli di dire: «No, grazie, sto bene anche senza cappotto, non ho freddo». E porgiglielo solo quando te lo chiede.
- Potresti voler considerare la possibilità di comportarti allo stesso modo con i colleghi più giovani, per aiutarli a maturare. Permetti loro di prendere decisioni in proprio e sii pronto/a a intervenire quando le scelte che hanno fatto li mettono in difficoltà.

## L'empatia nella vita quotidiana

Nella vita e nel lavoro, la nostra "empatia" traspare nella quantità e nella qualità dei pensieri che dedichiamo agli altri. Molti di noi perdono il sonno quando le relazioni a casa e al lavoro diventano difficili. Il modo in cui ognuno di noi è condizionato da simili problemi può variare. Alcune persone se ne curano appena: sono consapevoli del fatto che le cose non stanno andando per il meglio, ma non ne sono particolarmente scosse; altre invece diventano molto ansiose e stressate. La questione fondamentale è: con quanta sicurezza affrontiamo le conseguenze delle nostre decisioni e il loro effetto sugli altri? Di quanto sostegno abbiamo bisogno da parte degli altri per sentirci al sicuro?

In ambito aziendale, la domanda classica è, come si è detto sopra, se sia lecito o meno licenziare qualcuno. Se la risposta è sì, allora si hanno dei parametri solidi entro cui muoversi e si comprende che si tratta di un procedimento essenziale per mantenere vivo il "corpo" dell'azienda. A questo punto si può procedere senza troppi contraccolpi emotivi o sensi di colpa. Uno dei motivi per cui molti manager hanno un limite sul loro potenziale in questo settore è perché in realtà i bravi dirigenti si preoccupano davvero della loro forza lavoro e spesso sentono che, se qualcuno deve essere lasciato a casa, è in qualche modo colpa loro. Lo vivono come un fallimento personale. Questo è a volte chiamato il settore del cervello "empatico" perché, anche se il manager è colui che può decidere le sorti altrui, sa, appunto in modo empatico, che se non è lui o lei a ritrovarsi nella posizione di chi viene licenziato è in buona parte "per grazia di Dio".

Se si è equilibrati in questo settore, vuol dire che si è capaci di mettersi nei panni degli altri, mantenendo però un sano grado di distacco. Lo stesso concetto si applica a sfere della vita più ampie. Nell'ambito delle relazioni, se devo prendere una decisione difficile rispetto al mio/alla mia partner, riesco a farlo con una buona dose di empatia, ma senza identificarmi troppo? Pensiamo alla giovane coppia che è stata amica durante tutti gli anni dell'università. Alla fine dell'ultimo anno, si mettono assieme, giusto in tempo per una meravigliosa estate d'amore, viaggi all'estero, feste e festival. Cominciano a lavorare nella stessa città, condividendo interessi, esperienze e un gruppo di amici. Ma uno dei due si rende conto, gradualmente, che ormai si amano solo come amici, che non sono più innamorati; e questo non gli/le basta per continuare a stare assieme. Come fa adesso a chiudere la relazione? Può anche sapere con assoluta certezza che interromperla è la cosa giusta da fare, ma se prova empatia nei confronti dell'altro/a (dopo tutto, sono amici di lunga data) può essere troppo doloroso pensare di lasciarsi. Procrastina. Chiede consiglio. Si strugge con gli amici. Tutto questo può essere molto doloroso. Ci vuole una notevole solidità per riuscire a separarsi con successo.

Nell'ambiente familiare, le persone verdi in questo settore mettono in tavola le loro preziose qualità di empatia e sensibilità. Possono però riconoscere in se stesse la tendenza a identificarsi eccessivamente con i propri figli, e quindi tormentarsi per i piccoli traumi che fanno parte della quotidianità di un bambino. Soffrono se il figlio viene escluso dai giochi dei suoi coetanei, se nella recita scolastica gli viene offerta la parte di Nana e non di Peter Pan, se perde in una competizione sportiva. Così facendo, però, generano una sensazione di ansia nel bambino, il quale, da parte sua, magari era ben felice di leggere il suo libro invece di giocare con i compagni, o di essere quello a cui è stato permesso di indossare il costume da cane nella recita. O forse no, forse ne è rimasto deluso, nel qual caso avrebbe bisogno di aiuto a gestire la situazione, invece di essere coinvolto nel dramma emotivo in cui è rimasto invischiato il genitore.

Al contrario, le persone blu in questo settore soffrono di mancanza di empatia. Dormono bene la notte, sicure di aver preso le decisioni giuste. Una simile solidità può essere percepita come un bene prezioso sul posto di lavoro, ma bisogna fare attenzione perché l'insensibilità, o addirittura la spietatezza, sono dietro l'angolo.

## Se il codice della tua empatia è verde

Sei in grado di bilanciare la tua esistenza e i tuoi diritti con l'esistenza e i diritti degli altri. Sai prendere decisioni difficili che riguardano le persone che ti circondano, e sei conscio/a del loro impatto. Normalmente sai regolarti e tenere sotto controllo delusioni e angosce. Tuttavia, a volte ti pesa prendere decisioni difficili che riguardano la tua famiglia, i tuoi amici o i colleghi. In quei momenti potresti aver bisogno di contare sul sostegno degli altri.

*L'empatia nelle relazioni – verde*
La tua empatia è bilanciata dalla cura e dalla benevolenza che porti nelle tue relazioni.

Le persone verdi in questo settore hanno di norma relazioni equilibrate e ben delimitate. Il livello di empatia nel fronteggiare un problema è appropriato, e ogni partner è conscio dei propri sentimenti. Tuttavia, i verdi riescono spesso a ignorare gli altri senza difficoltà se, in quel momento, reputano che il loro problema sia più importante. Non si fanno coinvolgere nelle difficoltà altrui. Il che, a volte, può farli apparire freddi e indifferenti.

APPROFONDISCI

- La tua empatia nei confronti del tuo/della tua partner e dei tuoi amici ti permette di essere loro d'aiuto?
- È probabile che non drammatizzi eccessivamente le tue relazioni, ma questo può sembrare mancanza di coinvolgimento?
- Senti di saper stabilire dei buoni confini? Di solito sono molto utili nelle relazioni.

CONSIGLI

- Molto probabilmente sai che hai il diritto di esistere come individuo a sé stante all'interno di una coppia. Questo ti aiuterà quando il gioco si fa duro.
- Saper vedere le cose dal punto di vista dell'altro è importante, ma non lasciarti sopraffare o paralizzare.
- I buoni confini sono la chiave per una buona relazione, ma a volte è necessario superarli consapevolmente per aiutare l'altro.

*L'empatia in famiglia – verde*

In famiglia, tendi a essere il collante e la bilancia che mantiene le cose in equilibrio. Sei abbastanza solido da saper dire no, non perché ti piaccia essere punitivo, ma perché in quel momento un no è la risposta migliore da dare per la crescita e lo sviluppo degli individui e della famiglia nel suo insieme. Però sai anche comprendere i bisogni delle altre persone e capire cosa si aspettano da te e dagli altri, anche quando non sei in grado di accontentarli o non vuoi cedere.

APPROFONDISCI

- Ti senti a tuo agio quando sei con la tua famiglia e sei un genitore equilibrato?
- Senti di reagire in modo equilibrato ai traumi familiari?
- Sei in grado di condividere le tue ansie con gli amici e la famiglia, e fai capire quando sei in difficoltà?

CONSIGLI

- Il fatto che ti venga facile sentirti parte di una famiglia è una cosa molto bella. Ricordatelo quando la famiglia comincia a disperdersi.
- Ciò che per un bambino sembra catastrofico oggi, potrebbe già venire dimenticato il giorno dopo. Segui il tuo istinto e cerca di reagire in modo appropriato.
- Quando ci sono decisioni difficili da prendere in famiglia, potresti trovare utile condividere il peso della responsabilità con i tuoi fratelli e sorelle, o con altri parenti.

*L'empatia sul posto di lavoro – verde*

Sei abbastanza solido mentalmente da poter prendere decisioni difficili che coinvolgono gli altri, ma in seguito potrai accusarne il contraccolpo. La tua empatia e la tua sensibilità ti permettono di dare conforto e sostegno agli altri. Hai il potenziale per fare bene e guadagnarti il rispetto dei colleghi in ruoli dirigenziali e di responsabilità. Gli altri sentiranno che le decisioni difficili non le prendi a cuor leggero e che sei sensibile al loro dolore: sei percepito come "empatico".

APPROFONDISCI

- Il fatto che tu sia una persona capace di sentire il peso dei problemi degli altri è, a tuo avviso, un tuo punto di forza o una tua debolezza?
- La tua empatia verso gli altri fa sì che tu sia molto apprezzato/a?

CONSIGLI

- Il fatto che tu sia molto equilibrato/a fa sì che ti venga chiesto di prendere decisioni difficili che riguardano altre persone.
- La tua autonomia e la tua capacità di empatizzare con i colleghi sono utili, ma attenzione a non esserne sopraffatto/a. Ricordati che i ruoli che portano con sé una grossa responsabilità nei confronti degli altri possono essere fonte di stress.
- Sei bravo/a a cedere il tuo posto alla persona che ne ha più bisogno di te in quel momento, ma non dimenticarti che a volte è necessario che tu dia la precedenza a te stesso/a.
- Gli altri non riescono a farti fare quello che vogliono loro, e questo a volte potrebbe allontanare da te persone interessanti che vorrebbero invece coinvolgerti nei loro drammi personali, col risultato che potresti sentirti messo/a da parte. Non essere invidioso/a di loro; possiedi qualcosa di prezioso.

### Se il codice della tua empatia è blu

A volte puoi sembrare un po' arrogante, ma è piuttosto un modo per coprire il fatto che non sei sicuro/a della tua identità. Quando si tratta di prendere decisioni che riguardano gli altri, non sei predisposto/a a considerare, o a volte persino a notare, le conseguenze delle tue scelte. La codifica blu è di solito profondamente radicata ed è associata a una capacità di introspezione limitata: se chiedi un'opinione su di te ai tuoi amici, spesso percepisci le loro risposte come se fossero critiche o minacce. In sostanza, vuoi che le persone siano sempre d'accordo con te.

*L'empatia nelle relazioni – blu*

Ricordati che non ti è facile entrare in empatia con i partner e gli amici. Puoi però trovarti bene con altre persone che come te hanno un codice blu in questo settore: potreste essere in grado di esistere alla pari come "isole nella corrente". Ma è possibile che tu abbia bisogno di ricordare a te stesso che l'empatia è di solito un requisito fondamentale per avere una relazione duratura e soddisfacente con i partner e gli amici che hanno un codice verde.

Potresti trovarti spesso costretto/a a cedere o, al contrario, a imporre a tutti i costi la tua volontà. Cerca di prenderti il tempo per pensare alle tue reazioni e concediti di cambiare idea di tanto in tanto: «Sono stato/a un po' frettoloso/a; ora che ci penso, potrebbe essere carino da parte mia... / forse sarebbe meglio...». Se sei una persona che cede sempre, ogni tanto prova a scegliere per primo/a (tè o caffè?, marmellata o miele?, passeggiata o TV?) e vedi come reagisce l'altra persona. Quei pochi secondi che ti servono per pensare e scegliere devono diventare un'abitudine.

Quando pensi o ti senti in completa sintonia con qualcun altro, provi un senso di sicurezza momentanea. Ma se poi l'altra persona inizia a pensarla in modo diverso da te potrebbe facilmente capitarti di vivere questo scarto come una vera e propria separazione e andare in panico. Nel tuo subconscio, potresti sentirti molto solo/a. Una persona che non pensa, non sente e non vuole le stesse cose che vuoi tu ti farà sentire abbandonato/a e sconsolato/a. Il modo più semplice per evitare questo problema è tenerti lontano/a dalle persone che non la pensano come te, che non ti fanno sentire un tutt'uno con loro attraverso questa fusione di menti.

L'empatia in una relazione consiste nel sapere chi siamo in rapporto all'altra persona, e nella consapevolezza che all'interno di una coppia si resta pur sempre due esseri separati tra i quali esistono una serie di punti di connessione. Al centro dello stato d'animo blu c'è la convinzione di fondo che se una persona si impone in quanto individuo, l'altra deve risultare sminuita per forza. Questo può portare a sminuire preventivamente l'altro, giusto per evitare che possa accadere il contrario.

Spesso la persona con un blu in questo settore si sente sola perché, quando qualcuno le si avvicina, inizia a sentirsi invasa o minacciata e tende a respingere l'altro. Poi però si sente come abbandonata. Così un/una potenziale amante potrebbe invitarti fuori a bere qualcosa e tu accetti, ti diverti e ti senti vicino a lui/lei. Quando però ti chiede un secondo appuntamento tre giorni dopo, tu dici di no, perché in realtà ti senti rifiutato/a: l'invito non è arrivato abbastanza presto. In tutta sincerità, dici ai tuoi amici che quella persona non ti ha più chiesto di uscire, perché hai vissuto l'invito per il secondo appuntamento come un abbandono.

APPROFONDISCI

- Quando una relazione è in difficoltà, tendi a chiuderla troppo in fretta? Sei segretamente orgoglioso di questa tua capacità?

- Affronti le separazioni in modo rispettoso/gentile nei confronti dei tuoi/delle tue ex partner?
- Ti prendi il tempo di fermarti a riflettere sul punto di vista del tuo/della tua partner?

CONSIGLI

- Non abbandonare troppo in fretta le relazioni; prenditi il tempo di esplorarle.
- Per sviluppare una visione più compassionevole, in modo da bilanciare la concezione che hai di te come entità a sé stante, prenditi più tempo per osservare e considerare le conseguenze delle tue azioni.
- Impara a chiedere sempre ai tuoi amici come stanno. Ad ascoltare bene la risposta. A metterti nei loro panni.

*L'empatia in famiglia – blu*

Sei empatico/a e abile nel prendere decisioni, ma tendi a trascurare gli effetti che possono avere sui tuoi familiari. A volte ti manca l'empatia necessaria a comprendere i loro problemi.

Al genitore con un codice blu in questo settore può capitare di scontrarsi con i figli adolescenti, perché tende a intromettersi nelle loro vite (criticandone le amicizie, i vestiti, lo stile di vita, i tatuaggi, i piercing, le abitudini alimentari, gli interessi, l'università ecc.). O, al contrario, potrebbe anche allontanarli se li avverte come una minaccia. Questa seconda reazione potrebbe derivare dal fatto che il genitore ha difficoltà ad avere un figlio che sta prendendo la propria strada e che si sta creando una propria identità che non corrisponde alle sue aspettative.

APPROFONDISCI

- Chiedi mai ai tuoi familiari come si sentono? O ti aspetti che siano loro a cercarti se hanno un problema?
- Riesci a prendere decisioni difficili che riguardano i tuoi genitori anziani senza essere sommerso/a dalle preoccupazioni?

Oppure

- Sei eccessivamente distaccato/a quando devi prendere delle decisioni sulle persone che ami?

CONSIGLI

- Trova il tempo per capire come stanno i tuoi figli. C'è qualcosa che li preoccupa? Assicurati di ascoltare bene quello che ti dicono.
- Mettiti nei panni di un'altra persona e cerca di visualizzare cosa potrebbe confortarla o esserle d'aiuto.
- Eviti di farti sopraffare dalle difficoltà altrui diventando troppo cinico/a? Sappi che a te può succedere.

*L'empatia sul posto di lavoro – blu*

Avere un codice blu in questo settore può essere vantaggioso quando si è in una posizione di comando. Stai però in guardia, perché corri il rischio di fare come quelli che avanzano indisturbati, pensando che tutto vada bene, ma in realtà si stanno lasciando alle spalle una vera e propria carneficina. Se così fosse, perderesti la fiducia del tuo team, che smetterebbe di dare il meglio di sé. Tenere a freno questa tua tendenza ti renderà un/una leader più premuroso/a e di successo.

Le persone che si sentono sicure di sé sono meno propense a essere comandate a bacchetta, e a comandare a bacchetta. Sono più capaci di prendere decisioni che riguardano se stessi, un'altra persona, o l'intero gruppo in funzione dell'obiettivo da raggiungere piuttosto che per un mero gioco di potere.

Potrebbe quindi accadere che, per esempio, un buon manager dica al suo team: «Ci hanno chiesto di rendere più rigorosi i protocolli perché stiamo per ottenere nuovi investimenti; d'ora in poi dovremo condividere i nostri obiettivi e le modalità per raggiungerli». La persona blu in questo settore si presenta costantemente alle riunioni senza aver raggiunto i risultati concordati, credendo che la richiesta non si applichi a lui e che comunque i protocolli siano una cretinata. In ufficio dice a tutti gli altri che sono dei babbei, perché piegandosi a quelle nuove regole insensate non fanno altro che umiliarsi. In realtà è lui/lei che proietta sugli altri le umiliazioni che ha incamerato nel corso della vita, aspettandosi di essere lui stesso/lei stessa umiliato/a dal team. Alla fine il manager deve prendere provvedimenti nei suoi confronti, perché si sta comportando in modo tutt'altro che professionale. Nella mente del dipendente è questa l'umiliazione attesa, che fa del capo un persecutore e di lui/lei, il dipendente, la vittima. Così il manager è stato messo nella condizione di fallire.

Cerca di notare se ti capita spesso di trovarti in situazioni nelle quali, alla fine, ti senti una vittima o un vincitore che ha trionfato sugli altri. È un meccanismo che può avere la sua matrice in una perdita irrisolta in giovane età, in una separazione dolorosa di cui non si può parlare.

Col tempo tutto questo può generare la sensazione che nessuno sia degno di fiducia, a parte te stesso e chi la pensa come te. È un atteggiamento, questo, che può essere strettamente collegato al settore ribelle blu, cioè a qualcuno che riesce a trovare la propria identità come persona autonoma soltanto estromettendo gli altri dalla propria testa, mentre chi è più sicuro di ciò che è può permettersi di lasciare un po' di spazio agli altri, sapendo che questi non prenderanno il sopravvento sulla sua personalità.

APPROFONDISCI

- Quanto spesso consideri i sentimenti dei tuoi colleghi nel momento in cui devi prendere una decisione?
- Sei sempre tu quello/a a cui viene chiesto di prendere decisioni difficili che riguardano altre persone?

Oppure

- Sei segretamente orgoglioso/a della tua capacità di disporre delle persone o di licenziarle senza che questo ti preoccupi eccessivamente?

CONSIGLI

- Prenditi il tempo di immaginare quali potrebbero essere le possibili conseguenze delle tue decisioni o delle tue azioni e l'impatto emotivo che queste potrebbero avere sugli altri.
- Se trovi difficile prendere decisioni impegnative che riguardano altre persone, cerca una cassa di risonanza esterna, così da poter valutare la situazione con occhi diversi.

- È possibile che tu ti stia privando della possibilità di sviluppare la tua alfabetizzazione emotiva. Sappi che potresti essere percepito come una persona spietata. Prendi in considerazione il fatto che la tua vena di spietatezza possa nascondere ansie e paure dimenticate da tempo.

## 17. Adattabilità

*Trovi difficile non dormire nel tuo letto, in casa d'altri? Detesti stare in un ambiente che non ti è familiare o mangiare cose che non ha mai provato prima? Ti porti dietro il tuo guscio ovunque tu vada, come un esoscheletro protettivo?*

*O sai bene chi sei e questo ti sostiene internamente come uno scheletro, e trasporta e protegge il tuo cuore e il tuo focolare? Riesci a tollerare un ambiente sconosciuto senza sentirti perso/a e poi ritrovare la strada di casa? Riesci a sradicarti e a vivere in qualsiasi terreno, a non essere ansioso/a in spazi non tuoi, o in una nuova compagnia, o a cambiare casa, accettando cibi da altri luoghi?*

Prova a immaginare che un animale selvatico si stia dirigendo verso di te e che, temendo per la tua vita, tu debba fuggire. Il cuore ti martella nel petto, risponde allo stress e allo sforzo battendo più rapidamente e con più forza. Una volta al sicuro, ti fermi per riprendere fiato, e il cuore torna gradualmente al suo normale stato di riposo.

Ora, immagina la stessa situazione ma con una persona che in passato ha avuto un infarto. Questo causa danni alla struttura del muscolo cardiaco, riducendone l'elasticità. Il cuore sarà quindi meno capace di rispondere nel modo fisiologico consueto, e quindi di reggere allo stress di una situazione di attacco o fuga. Una persona in queste condizioni potrebbe non sopravvivere a un simile evento.

La stessa cosa accade con il subconscio. Quando la mente sana si trova sotto attacco, fa ricorso a meccanismi di adattamento e protezione già sviluppati in precedenza. Al contrario, una mente resa meno flessibile dallo stress inconscio accumulato durante le fasi della crescita potrebbe non essere in grado di innescare una risposta psicologica adeguata e soccombere allo stress mentale.

La codifica di questo settore del cervello riguarda la risposta all'ansia e allo stress. Il cervello adattabile si flette per adeguarsi alla situazione di stress, continuando a pensare e a funzionare nel suo modo abituale. Il cervello irrigidito ha più difficoltà a flettersi, e tende a innalzare mura per proteggersi dal mondo. È come la risposta del sistema immunitario a un trauma: quando si attiva escono i lividi, le vesciche, i calli. Chi ha un codice blu in questo settore percepisce molte cose come attacchi personali: tanti piccoli eventi e conversazioni, che siano imprevedibili e nuovi oppure basati su schemi noti del passato e del tutto prevedibili dalla sua mente.

Meno la tua mente è adattabile all'ambiente esterno, più è probabile che tu sia particolarmente suscettibile ai commenti degli altri. Più sei suscettibile, più senti che il mondo ti aggredisce, o ti respinge, e più devi difenderti. Più devi difenderti, più innalzi e fortifichi le mura del castello della tua mente. Più le mura sono alte, più è difficile uscirne e trovarsi in luoghi sconosciuti. Più hai bisogno di controllare l'ambiente che ti circonda per sentirti sicuro, più è probabile che tu rimanga bloccato in una precedente fase di sviluppo, e più ti sarà difficile trovarti in uno stato d'animo flessibile e maturo quando non sei tra le mura del tuo castello, o qualsiasi cosa sia venuta a rappresentarle: stesso cibo, stesso treno, stesso capo ecc.

## Da dove viene l'adattabilità

Quando un bambino va nel panico, il genitore lo prende in braccio. Se questo non succede e non vede il genitore attorno a sé, il bambino comincia a vagare in preda al terrore. Smette di pensare o di guardare e comincia a comportarsi come un coniglio davanti ai fari di un'automobile. Quando entra in questo stato, il bambino non riesce più a ragionare. Invece di fermarsi e dirsi: «La mamma deve essere vicina… So che è vicina, non mi lascia mai… Devo fermarmi a pensare», rimane mentalmente paralizzato e spesso si allontana sempre di più dal genitore. Quando il genitore lo ritrova e lo abbraccia, il bambino piange di sollievo. A questo punto, può ricominciare a funzionare normalmente. Ma i bambini che non hanno avuto questa risposta da un adulto non imparano a contenere il panico quanto basta per ricominciare a pensare con chiarezza.

Una volta attraversata questa fase dell'infanzia, la nostra capacità di pensare razionalmente aumenta e impariamo così a adattarci alle situazioni di stress. Se prima, quando veniva il momento di andare a letto, eravamo paralizzati dalla paura del buio, adesso sappiamo come calmarci. A poco a poco capiamo, grazie all'esperienza, che ci risveglieremo al mattino e che qualcuno sarà di nuovo lì per noi. Il mostro sotto il letto è razionalizzato; la lampada sul comodino può essere spenta. A mano a mano, il nostro mondo interiore diventa abbastanza sicuro da permetterci di uscire dalla porta e camminare fino al negozio all'angolo, intraprendendo con facilità quella che un tempo sarebbe stata una spedizione terrificante. Passo dopo passo, impariamo che l'esposizione allo stress è seguita da un ritorno al nostro abituale spazio sicuro. Fondamentale per questo processo di apprendimento è la presenza affidabile del nostro accompagnatore, pronto a rassicurarci che va tutto bene prima che ci allontaniamo troppo.

Quando abbiamo paura e abbiamo bisogno di conforto, non basta che qualcuno sia semplicemente lì, ma è necessario che ci dedichi tutta la sua attenzione. Un adulto può essere fisicamente presente, però avere la testa da un'altra parte; per esempio, rivolta ad altri bambini che hanno bisogno di cure o a problemi di lavoro. La sua mente è altrove e quindi non è a completa disposizione del figlio spaventato o ansioso. Questo non significa che gli causeremo un trauma psicologico permanente se capita che rispondiamo alle e-mail di lavoro mentre ascoltiamo una sintesi di tutto quello che è successo nel pomeriggio al parco giochi. Ma nella situazione estrema in cui un adulto non possa dedicare al bambino l'attenzione necessaria (magari perché è malato, è in lutto o ha problemi economici), il bambino incontrerà maggiori difficoltà a gestire le proprie ansie.

Non è necessario che a essere disponibile sia un genitore: fratelli o sorelle maggiori, insegnanti e famiglia allargata possono tutti farne le veci. Diverse persone possono assistere un bambino nel processo di adattamento alle situazioni "difficili". Magari all'inizio si sentirà un po' angosciato, ma gradualmente imparerà a adattarsi a situazioni nuove che lo mettono alla prova (il primo giorno di asilo, la prima notte dai nonni, il primo pigiama party con gli amici, il primo giorno di scuola). Impara a pensare: «Così come mia mamma e mio papà mi stringono forte, anch'io posso stringermi forte e abbracciarmi da solo, interiormente, finché non arriva qualcuno». I bambini che sanno calmarsi da soli possono arrivare a innalzare un muro quando ne hanno bisogno, ma con un piccolo aiuto il muro verrà giù molto facilmente perché non vivono la situazione difficile in cui si trovano come un attacco bensì come una circostanza, e sanno che presto qualcuno sarà di nuovo lì per loro.

Se però con il bambino non c'è mai nessun adulto, ecco che il piccolo non può imparare a confortarsi da solo perché gli manca l'esempio. Può così finire per sviluppare un'avversione viscerale al cambiamento, un bisogno radicato del conforto di oggetti e situazioni familiari. In questo caso i cambiamenti sono vissuti come attacchi e, per difendersi, il bambino innalza mura simili a quelle di una fortezza. Da adulto, quando succederà qualcosa che gli richiederà di essere flessibile nel suo modo di pensare, potrà invece provare una grande ansia.

Una persona con questo vissuto potrà alla lunga diventare piuttosto inflessibile e intollerante. Essendo in perenne modalità di difesa, non sarà capace di adattarsi ai cambiamenti. Non potrà spalancare le porte di casa e accogliere ciò che è diverso e ciò che è nuovo. Anche se dentro di sé può pensare di essere molto adattabile, una persona con queste caratteristiche in realtà esercita un controllo costante sul proprio ambiente; la sua mente continua a lavorare e pensare. C'è anche chi sviluppa ansia o è colto da attacchi di panico oppure chi, all'estremo opposto, nega categoricamente di essere agitato o preoccupato. Il punto chiave qui è che la loro ansia sta soffocando qualsiasi sentimento sottostante.

PUNTI DA CONSIDERARE

- Ricordi di essere mai stato preso dal panico nel corso della tua infanzia, quando ti sei sentito "perso"? È un ricordo vivido? Rammenti cosa indossavi? Riesci a immaginare in che modo la dinamica di eventi come questo possa aver avuto conseguenze durature sullo sviluppo della tua mente?
- Da adulti tendiamo ad aspettarci che l'assenza sia semplicemente vissuta come tale. Ci dimentichiamo, però, che nei bambini piccoli può essere percepita come abbandono. Pensiamo che, andando all'asilo o a scuola ogni giorno, si rendano conto che la separazione è momentanea. In realtà, può non essere così. Più sono piccoli, più hanno bisogno di aiuto. È il modo in cui vivono loro le cose a crearne la percezione del mondo.
- Provate a spiegare ai bambini piccoli la differenza tra assenza programmata e abbandono. Se vostro figlio fa i capricci quando dovete uscire la mattina per accompagnarlo a scuola, provate a dirgli: «Può essere che oggi tu senta un po' la mia mancanza. Mi mancherai anche tu, ma ti penserò e ci vedremo dopo». Date un nome alla paura e rassicurateli del fatto che più tardi tornerete a casa insieme.
- Con i bambini piccoli, evitate di punirli negando loro la vostra presenza e di ricompensarli con la vostra compagnia per insegnare loro la disciplina.

## Adattabilità nella vita quotidiana

I vantaggi di avere un cervello che si adatta facilmente sono evidenti in tutte le sfere della vita. Storicamente, i più grandi leader militari e politici sono stati quelli capaci di adeguarsi al mutare delle circostanze. Le industrie manifatturiere rispondono alle fluttuazioni della domanda di mercato modificando l'offerta. I leader delle nostre industrie tecnologiche, in particolare, si trovano ad affrontare un panorama in rapido cambiamento.

Chi ha un codice blu in questo settore può essere poco conscio della propria condizione. Potrà pensare di essere una persona che sa adattarsi benissimo a qualsiasi situazione, quando in realtà si muove solo in ambienti molto simili tra loro. Le piante idroponiche ne sono un buon esempio. Sono coltivate in una soluzione ricca di sostanze nutritive e possono essere trapiantate con facilità in qualsiasi parte del mondo, purché rimangano nel loro vaso di nutrienti. Non possono mettere radici nel terreno. Sono adattabili ma solo superficialmente, perché per sopravvivere hanno bisogno di portarsi dietro il loro ambiente; non si insediano in un nuovo terreno. Con le persone possiamo vedere all'opera questo stesso meccanismo nelle relazioni – una serie di fidanzate o fidanzati sempre molto simili, per esempio – o nelle scelte professionali, come nel caso del "dirigente d'azienda in viaggio" di cui parliamo nel *Case study* seguente. Una persona simile manovra inconsciamente il proprio ambiente per evitare il cambiamento, per mantenersi al sicuro. Le caratteristiche del disturbo ossessivo-compulsivo sono una rappresentazione estrema di questa necessità di controllare l'ambiente per gestire l'ansia.

**Case study: Il dirigente d'azienda in viaggio**

Josh è un dirigente di una grande multinazionale. Nel corso degli anni è stato paracadutato in varie filiali lontane per cercare di risolverne i problemi. È orgoglioso della velocità con cui si inserisce nei nuovi ambienti. Considera la sua capacità di adattamento come una vera e propria risorsa per l'azienda.

Josh è però rimasto sbalordito quando il suo rapporto del Codice Cambridge ha rivelato un cervello blu, e ha segnalato l'"errore" al nostro team. Una breve conversazione ha fatto poi emergere che ogni volta che Josh riceve un "nuovo" incarico lavora sempre al medesimo progetto, all'interno della medesima struttura manageriale, in un ufficio di formato simile e soggiornando in un hotel della medesima catena alberghiera. È interessante notare che durante le vacanze all'estero con la famiglia ha scelto di soggiornare negli hotel di quella stessa catena.

Per la persona blu in questo settore, i problemi possono sorgere quando l'ambiente cambia in modo imprevedibile e incontrollabile. Eventi della vita come la nascita di un figlio, il matrimonio (anche dopo una convivenza perfettamente felice), il divorzio, un trasloco e così via possono avere un impatto significativo sul suo benessere. Il cambiamento, anche quando il fattore scatenante è positivo, può essere percepito come un rischio. Per queste persone, le vacanze all'estero possono non essere così piacevoli come lo sono per tanti altri.

Il licenziamento è spesso una situazione particolarmente difficile. Anche una persona con un codice verde in questo settore può faticare non poco ad affrontarlo: potrebbe dover scavare a fondo dentro di sé per riuscire a trovare la forza di tenersi a galla, di andare avanti comunque. Questo può accadere a qualsiasi livello, dal primo lavoro alla posizione di senior manager. Ma per chi ha il blu in questo settore il licenziamento può essere una vera e propria catastrofe, capace di scatenare rabbia e ansie nascoste. Si subisce un crollo totale e non si riesce nemmeno a cercare un nuovo lavoro per paura che la storia si ripeta. Gli effetti si ripercuotono sul matrimonio, non solo a causa delle probabili difficoltà economiche, ma anche perché inconsciamente si scarica sul coniuge tutta la rabbia scatenata dal fatto che ci è stato tolto il "ciuccio".

Quando siamo piccoli, anche solo cambiare scuola può incidere sulla nostra futura adattabilità. Il continuo passaggio tra l'ambiente domestico e quello scolastico, o fare avanti e indietro tra le case di due genitori divorziati, rafforza o limita questa nostra capacità? La risposta sembra risiedere nel supporto dell'adulto, piuttosto che negli spostamenti stessi. Spesso il bambino si rivolta contro il genitore che lo "abbandona", ma in genere si tratta di una reazione di breve durata: «Io non ci vado...». Ma altrettanto spesso questa reazione è poi controbilanciata dalla soddisfazione che il bambino prova una volta giunto a destinazione. Il viaggio verso la scuola è spesso motivo di ansia, ma questa è ampiamente compensata dalla gioia che il bambino prova quando arriva in classe, perché esserci gli piace. In questo frangente, è il viaggio piuttosto che la scuola stessa a essere associato alla percezione dell'abbandono.

Per migliorare come genitore, prova a essere emotivamente disponibile per i bambini soprattutto all'inizio, quando hanno più bisogno di sentirsi sicuri, in particolare dopo un'assenza. Sii paziente; cerca di capire che ci sono molte cose in grado di far sentire trascurato un bambino. Anche lasciarlo solo un attimo per mettere a letto il fratellino può sembrargli un affronto perché in quel momento, seppure per motivi di necessità, il genitore è assente.

Gli adolescenti che sbattono la porta in faccia al genitore stanno gestendo lo spazio intermedio tra due pulsioni contraddittorie: da una parte vogliono che il genitore sia presente, dall'altra non lo vogliono tra i piedi; gli adolescenti manovrano il genitore in modo che questi non sia disponibile (così da poter crescere), però poi si sentono abbandonati e come risultato gli sbattono la porta in faccia, in modo da essere loro ad abbandonarlo per primi. Mentre imparano a essere persone a sé stanti, gli adolescenti oscillano in continuazione tra la necessità di sentire la presenza fisica del genitore e la voglia di stare da soli. Se anche il genitore è inflessibile e si sente sotto attacco, potrebbe cominciare a reagire senza pensare, e scivolare così molto rapidamente fino ai gradini più bassi e infantili della scala di sviluppo.

### Se il codice della tua adattabilità è verde

Hai un approccio flessibile agli alti e bassi della vita, hai un carattere pragmatico piuttosto che dogmatico. Sai adattarti in modo equilibrato alle circostanze e sei in grado di valutare e rispondere ai cambiamenti con razionalità. Accetti il cambiamento e, in effetti, a volte lo persegui attivamente.

*L'adattabilità nelle relazioni – verde*

Anche se in genere non temi il cambiamento, tieni presente che certi capovolgimenti potrebbero avere un grosso impatto su di te. Sii anche consapevole del fatto che il tuo/la tua partner e i tuoi amici potrebbero reagire ai cambiamenti in modo molto diverso dal tuo.

La tua casa è dentro di te, ti sostiene internamente come uno scheletro, custodisce e protegge il tuo cuore e il tuo focolare. Non offenderti se alcuni dei tuoi amici ti invitano a casa loro ma non sembrano voler venire da te, o non vogliono venire a trovarti nel tuo ufficio: potrebbe essere dovuto a una loro insicurezza, piuttosto che a un rifiuto nei tuoi confronti. Non sottovalutarti, la tua capacità di adattamento è una dote straordinaria, benché invisibile.

APPROFONDISCI

- Esplora le amicizie e le relazioni con un ampio spettro di persone.
- Godi del fatto che riesci a adattarti facilmente all'ambiente familiare del tuo/della tua partner.
- Come hai affrontato il tuo ultimo trasloco? Come ha reagito il tuo/la tua partner? Chi ha sostenuto chi?

CONSIGLI

- Sfrutta al massimo il fatto che i cambiamenti non ti spiazzano e goditi il tempo che passi con diversi tipi di persone.
- Non dimenticare che il modo in cui vivi determinate situazioni potrebbe non essere condiviso dagli altri.
- Sii tollerante se il tuo/la tua partner o i tuoi amici faticano a adattarsi. Il tuo io interiore è molto solido e ti permette di creare una casa ovunque tu vada. Gli altri potrebbero aver bisogno di più tempo per prendere confidenza con ambienti e situazioni diversi dal solito.

*L'adattabilità in famiglia – verde*

La tua flessibilità è una risorsa all'interno dell'ambiente familiare. Il tuo benessere e quello della tua famiglia ne gioveranno quando farete tutti insieme qualcosa di diverso.

APPROFONDISCI

- Sei tu quello che aiuta la famiglia a sentirsi a casa quando siete in un posto nuovo?
- Vorresti che la tua famiglia facesse scelte più audaci quando si tratta di decidere dove andare in vacanza?
- Ci sono membri della famiglia per cui il cambiamento è più sconvolgente di quanto non lo sia per te?

CONSIGLI

- Accetta il fatto che un po' di routine può essere un bene per i bambini e le famiglie. Probabilmente tu puoi stare bene con o senza routine, ma tieni pre-

sente che i più giovani potrebbero non avere ancora sviluppato una buona capacità di adattamento.
- La paura del cambiamento tende a crescere negli anni. A mano a mano che invecchi, cerca di non perdere la tua flessibilità. Non smettere mai di abbracciare il cambiamento.
- Sei sensibile alle ansie di chi fatica ad affrontare i cambiamenti? Ricordati che alcuni membri della tua famiglia potrebbero risentirne più di te quando si trovano in ambienti e situazioni che non sono loro familiari.

*L'adattabilità sul posto di lavoro – verde*

È probabile che la tua flessibilità ti renda prezioso sul posto di lavoro. Ti sarà riconosciuta la capacità di adattarti a diversi compiti, a diversi team e a diverse sedi.

APPROFONDISCI
- Cerchi sempre di metterti alla prova?
- Pensi abbastanza ai progressi professionali che potresti fare? O anche a cambiare del tutto carriera?
- Pensi alla sicurezza di cui i tuoi dipendenti hanno bisogno? Supporti chi ha bisogno di sentirsi più al sicuro nei momenti d'incertezza e cambiamento?

CONSIGLI
- Cerca opportunità di lavoro in ambienti diversi: migliorerai il tuo bagaglio di competenze, la tua fiducia in te stesso e il tuo CV.
- A qualsiasi punto della tua carriera ti trovi, non smettere di chiederti se ti piacerebbe cambiare set-

tore, o addirittura spostarti in un altro Paese. Sono sfide che possono aiutarti a crescere.
- Come capo, impara a distinguere tra la flessibilità vera e quella apparente dei tuoi impiegati. La loro produttività crescerà o diminuirà in un ambiente completamente nuovo?

## Se il codice della tua adattabilità è blu

Potresti avere difficoltà a adattarti a un cambio di ambiente, e questo potrebbe causarti un disagio eccessivo. A livello inconscio, cerchi di controllare il tuo ambiente per gestire i tuoi livelli di ansia. Se provi un crescente senso di ansia, è importante che tu chieda sostegno e condivida con altri le tue preoccupazioni prima che si aggravino.

Ricordati che il desiderio subconscio di controllare l'ambiente circostante non è sempre una caratteristica negativa: può essere incanalato e trasformato in concentrazione ed energia, specialmente in quelle aree della vita dove risiedono le tue passioni.

*L'adattabilità nelle relazioni – blu*

Può essere difficile accettare di avere un codice blu in questo settore, ma conoscere meglio te stesso è il primo passo per migliorare le tue relazioni e le tue amicizie. All'inizio e alla fine di una relazione, la paura del cambiamento ti renderà emotivamente fragile. Sarà più stressante per te che per gli altri. Tuttavia, una volta che riconosci che è il cambiamento a farti paura, potresti riuscire ad abbandonare più facilmente una relazione insoddisfacente o dannosa.

Se trovi difficile stare a casa di un'altra persona o non dormire nel tuo letto, se non ti piace stare in un ambiente che non conosci o mangiare cibo che non hai mai provato, sappi che il problema non è quasi mai il letto, o il cibo, ma la tua insicurezza. Cerca di non criticare o sminuire gli spazi o le offerte degli altri, cosa che probabilmente fai nella tua testa, se non ad alta voce. Prova a immaginare che i loro spazi e le loro offerte siano sicuri e buoni.

APPROFONDISCI

- Come reagisci alle separazioni? Con ansia? Con rabbia?
- Ti capita mai di provare una rabbia sproporzionata alla situazione quando il tuo/la tua partner o un amico è inaspettatamente assente, o anche solo qualche minuto in ritardo?
- Tu e il tuo/la tua partner o i tuoi amici reagite in modo diverso al cambiamento? Un trasloco? L'arrivo di un bambino?

CONSIGLI

- Cerca di non rimanere in una relazione semplicemente perché hai paura di cambiare. Sforzati di cercare altri tipi di persone. Sfidati a esplorare nuove strade per trovarle.
- Cerca di riconoscere e accettare le tue difficoltà ad affrontare i cambiamenti. Sii gentile con te stesso/a. Parla dei tuoi sentimenti con i tuoi amici.
- Condividi le tue ansie con il tuo/la tua partner e chiedi il suo sostegno.

**Case study: Il disagio dei messaggi**

MC aveva una relazione solida e si divertiva parecchio con il suo partner, JD. Avevano amici in comune, la pensavano allo stesso modo sulle cose importanti e parlavano di andare a vivere assieme. Una sera JD le disse che dopo il lavoro avrebbe visto un vecchio compagno di scuola, ma che sarebbe comunque rientrato non più tardi delle sette, in tempo per un take-away e un film. Durante la serata, MC gli inviò diversi messaggi divertenti, ma divenne sempre più ansiosa quando cominciarono a non arrivare più risposte. Alle 19.07 gli inviò un altro messaggio: «Dove sei? Mi avevi promesso che saresti rientrato per le sette»; e un altro alle 19.12: «Mi stai ignorando di proposito?». Tempo che JD arrivasse a casa alle 19.20, MC, sconvolta, era pronta ad aggredirlo accusandolo di essere una persona crudele.

Una volta fatto il Codice Cambridge, MC scoprì di avere un codice blu nel settore dell'adattabilità. Il che spiega come mai un "abbandono" di venti minuti fosse bastato a far emergere in lei dei problemi di abbandono precedenti.

*L'adattabilità in famiglia – blu*

Come già sottolineato, può volerci un po' di tempo prima di riuscire a riconoscere che si è blu in questo settore. Ma la perseveranza può portare grandi vantaggi nell'ambiente familiare. La tua comprensione di te stesso/a può indurti a una maggiore empatia e pazienza nel gestire le ansie dei tuoi familiari.

APPROFONDISCI

- La tua tendenza a limitare i tuoi orizzonti ti porta a limitare le scelte dei tuoi familiari?
- Senti che il tuo benessere è compromesso quando i membri della tua famiglia imboccano una nuova strada? Ti piace festeggiare gli anniversari sempre nello stesso posto?
- Prendi le decisioni migliori per chi ti sta intorno o decidi in base alla tua paura dell'ignoto?

CONSIGLI

- Per i grandi cambiamenti, come traslocare o cambiare lavoro, cerca di pianificare in anticipo le tue strategie per non farti sopraffare. Parla con la tua famiglia della tua ansia davanti all'impossibilità di controllare il tuo ambiente.
- Potresti fare fatica a introdurre delle novità nelle attività familiari, ma imparare a gestire meglio le tue paure alla fine potrebbe rendere felici anche gli altri.
- Cerca di entrare in contatto più che puoi con il tuo mondo emotivo interiore; parlane con i tuoi figli e con gli altri membri della famiglia; magari con il loro sostegno può risultarti più facile affrontare una nuova impresa.

*L'adattabilità sul posto di lavoro – blu*
Ricordati che questa caratteristica non è per forza negativa. Se riconosciuta e usata saggiamente, può tornarti molto utile. Quando è ben incanalato, un certo dogmatismo può generare molta energia e concentrazione, in particolare per cause o lavori che ti stanno a cuore. Il fatto che tu sia capace di perseverare in un ruolo può essere usato come un punto di forza.

Tuttavia, se vuoi cambiare ambiente, muoverti, essere visto/a come adattabile, dovrai per forza lavorare sulla tua inflessibilità. Tieni presente che potresti avere l'abitudine di innalzare muri di protezione, cerca quindi di farci caso e di prendere le precauzioni necessarie. Cerca soprattutto di non escludere le persone, ma sappi che potresti farlo senza accorgertene. Se succede, lasciale rientrare, perché solo così potrai crescere e migliorare.

APPROFONDISCI

- La proposta di una "nuova sfida" ti spaventa moltissimo?
- Sei felice di lavorare in un ambiente nuovo, ma solo se è simile a quello vecchio?
- Ti piace la "monotonia" del tuo lavoro?

CONSIGLI

- Se ti senti a tuo agio nella tua attuale situazione lavorativa, goditela. Non sentirti obbligato/a a proporti per un ruolo diverso o per un nuovo ambiente se non c'è una buona ragione.
- Potrai dare il meglio di te lavorando con un team che ti è familiare e che non cambia in continua-

zione. Se sali di livello, cerca di costruirti attorno un ambiente familiare, di mantenere una routine simile a quella che avevi prima e di utilizzare metodi di lavoro rodati.

- Se ti rendi conto che il cambiamento ti procura troppa ansia, reagisci il prima possibile e rivolgiti a qualcuno per trovare sostegno: i colleghi, un superiore disponibile a darti una mano, un consulente professionale.

## 18. Eccesso di analisi

*Analizzi tutto in modo ossessivo, da ogni angolazione, fino a restare paralizzato dall'ansia o dalla paura? Verifichi ogni possibile scenario? In casa tua ogni cosa ha il suo posto, non solo perché sei una persona ordinata, ma anche perché ti senti insicuro/a se le cose non sono in ordine? Ti prendono in giro perché ragioni troppo su qualsiasi cosa?*

*O vivi la tua vita senza troppe complicazioni?*

Questa è una conversazione vera avvenuta al termine di una cena:

**Padrone di casa:** «Cosa preferisci, tè o caffè?».
**Ospite:** «Non saprei. Perché magari poi non riesco a dormire».
**Padrone di casa:** «Ci sono delle tisane se vuoi: zenzero, frutta... Dimmi tu».
**Ospite:** «Non lo so, quello che vuoi».

Ora, il padrone di casa si trova in una posizione difficile. Il suo ospite gli ha detto che la caffeina potrebbe tenerlo sveglio, però lo ha messo nella condizione di dover decidere per lui. Sente che scegliere per il suo ospite – «Va bene, allora ti faccio un tè verde» – significherebbe privarlo dell'iniziativa ed equivarrebbe a una prevaricazione. Da parte sua, l'ospite potrebbe risentirsi, benché abbia detto che gli va bene tutto. Il padrone di casa, per eccesso di educazione, non sceglie, e a quel punto segue una pausa imbarazzante. Alla fine l'ospite si decide: una tisana alla frutta. Il padrone di casa si alza da tavola per andare a preparare la tisana, ma mentre è in cucina l'ospite si rivolge agli altri invitati: «Oh, no, gli ho dato da fare più del dovuto, adesso deve preparare una tisana solo per me, l'ho offeso, come posso rimediare?!». La situazione a questo punto è imbarazzante per tutti. Il padrone di casa è diventato un mostro, per il solo fatto di essersi preoccupato del suo ospite. L'intera situazione si è creata perché l'ospite ha analizzato troppo la scelta e le sue possibili conseguenze, nel tentativo inconscio di acquietare qualcuno dentro la propria testa.

## Da dove viene l'eccesso di analisi

L'eccesso di analisi può derivare da un'impalcatura interiore debole. Per esempio, se un bambino viene costantemente sgridato dai genitori, comincia a guardarsi bene dal fare una scelta che potrebbe avere conseguenze negative. Lo scenario classico è quello del bambino che va a casa di un amico. Il genitore dell'amico gli offre della marmellata e gli chiede se la preferisce alle fragole o ai lamponi, e il bambino risponde: «È uguale» o: «Non lo so». Lo fa non perché il gusto gli sia indifferente ma perché vuole sapere cosa renderà felice l'altra persona. Un bambino con una solida impalcatura interiore risponderà invece:

«Grazie mille, vorrei la marmellata di fragole». Ma questo bambino non riesce a prendere una decisione immediata, pensando semplicemente: «Mi piace la marmellata di fragole, quindi prendo quella», e invece inizia ad analizzare la proposta in questi termini: «La marmellata di fragole mi darà la reazione che voglio da chi me la offre o me la darà la marmellata di lamponi?». Questo è un piccolo esempio di come un eccesso di analisi possa insinuarsi dentro di noi. Nel tentativo inconscio di compiacere gli altri, il cervello rimane paralizzato da questa domanda senza risposta e si blocca: «Non lo so, scegli tu per me».

Come abbiamo visto nell'introduzione (vedi pp. 32-33), quando un bambino viene costantemente criticato o sminuito, la sua impalcatura interiore non si irrobustisce a sufficienza. Il bambino comincia a non fidarsi più delle proprie scelte, nel timore che non siano quelle "corrette". Ogni domanda viene così analizzata fin nei minimi dettagli. Questo atteggiamento iperanalitico lo segue nell'età adulta. La sua fragile impalcatura interiore necessita di una qualche forma di impalcatura esterna che la sorregga, che viene fornita dall'analisi ossessiva della situazione e delle persone che lo circondano. A muoverlo è il bisogno subconscio di controllare e valutare di continuo la situazione, l'altra persona, i potenziali risultati, dove tira il vento e via dicendo. Questa caratteristica spesso va di pari passo con l'ordine compulsivo o con il disordine compulsivo.

Le persone molto analitiche vivono spesso in un mondo in cui sanno dove si trova tutto e nessun altro può mettere mano alle loro cose; in questo modo le proteggono. Più la vita diventa difficile e stressante, più cresce il tumulto interiore, più loro diventano analitiche. Gestiscono in modo rigoroso il mondo esterno per cercare di tenere a bada il caos interiore. Nella sua forma estrema, la persona affetta da disturbo ossessivo-compulsivo utilizza un'eccessiva quantità e varietà di impalcature esterne (routine, rituali, oggetti totemici) per tenersi in piedi. A volte questa analisi costante diventa così soverchiante che la persona si spegne e appare distaccata o assente. L'unico modo per continuare a funzionare è quello di chiudere fuori il sovraccarico di informazioni emotive.

## L'eccesso di analisi nella vita quotidiana

Possedere un cervello fortemente analitico può essere parecchio utile nel lavoro, come testimoniano molti senior manager e accademici di spicco. Le loro menti sanno valutare tutte le possibili mosse e prevederne le probabili conseguenze, come in una partita a scacchi. Le persone che occupano posizioni elevate all'interno di un'organizzazione trarranno vantaggio dalla loro capacità di considerare più fattori umani e ambientali diversi prima di prendere una decisione. Ci sono, tuttavia, anche aspetti negativi. Prendere una decisione diventa dispendioso in termini di tempo. Le domande possono essere talmente ponderate che la mente rimane paralizzata e non è più in grado di scegliere, e la decisione deve essere presa da qualcun altro.

PUNTI DA CONSIDERARE

- Non precipitarti a contraddire il lento o semplice processo decisionale dei bambini piccoli o dei tuoi colleghi inesperti.

- Se sai di essere eccessivamente analitico, cerca di capirne la causa. Ti rendi conto che gli altri potrebbero non essere così sconvolti come pensi tu dalle ripercussioni delle tue scelte?
- Cerca di esprimere le tue preferenze piuttosto che eccedere in cortesia. L'eccesso di cortesia può facilmente diventare esasperante. Fai attenzione a quando ti capita di esagerare.

Nelle relazioni, la persona eccessivamente analitica può a prima vista apparire generosa e ben disposta. La risposta: «Prendo quello che prendi tu» suggerisce una natura accomodante. Ma la realtà potrebbe essere un'altra. Una risposta simile può essere dettata dalla paura, la paura di scegliere in modo "sbagliato". Non si tratta di un sano compromesso, o di uno scambio reciproco e veramente generoso, come: «Sì, oggi vengo a fare una passeggiata con te (anche se non mi piace molto camminare) perché ieri ti sei seduto a guardare la TV con me tutto il giorno (anche se non ti piace molto la TV)».

Questo modo eccessivamente analitico di essere accomodanti con gli altri è spesso uno stratagemma che sviluppiamo per eludere il rischio di sbagliare la risposta. Ma l'esitazione e lo stress che comporta possono essere sconcertanti per gli altri, che in realtà ci stavano semplicemente offrendo una scelta tra due opzioni!

Nella vita di tutti i giorni, le persone troppo analitiche possono generare frustrazione in chi sta loro attorno a causa del tempo che dedicano a leggere i pensieri degli altri e ad analizzare ogni aspetto della situazione prima di decidersi. «Muoviti!» o: «Decidi e basta!» può essere il ritornello costante. Anche se alcune grandi scelte della vita richiedono attenzione e riflessione, può essere irritante per la famiglia e gli amici quando anche le piccole decisioni vengono analizzate a lungo, sotto ogni punto di vista. Questo può essere particolarmente difficile per gli adolescenti. Quando chiedono: «A che ora devo tornare a casa?» vogliono una risposta veloce, non un'analisi dei pro e dei contro delle ventitré rispetto alla mezzanotte. L'adolescente si rivolgerà al genitore che risponde più in fretta. Tuttavia, un po' di riflessione può anche aiutarli a interiorizzare il bisogno di sicurezza ed è il giusto equilibrio tra una risposta rapida e la ponderazione che permette al benessere emotivo di fiorire e all'alfabetizzazione emotiva di crescere.

Chi analizza troppo le cose tende a essere un abile manovratore. Se trova il coraggio di prendere una decisione, sa che potrebbe essere quella sbagliata. Perciò cerca di mettersi al riparo dall'errore, isolando la propria paura e rinchiudendola in un "contenitore" sicuro. Fa come il bambino che non vuole mangiare la colazione, e per questo sposta in continuazione il cibo sul piatto, disponendolo in modo perfetto, così da non doverlo mettere in bocca. Il cervello eccessivamente analitico valuta ogni cosa e poi manovra gli altri come un gran maestro di scacchi. Le sue mosse in genere sono fondate più sulla paura che sulla generosità o sull'innovazione. Da questa partita, non ne uscirà sempre vincitore e questo gli procurerà spesso sconcerto e rabbia.

### Se il codice del tuo eccesso di analisi è verde

La tua capacità di giudizio è equilibrata e non senti spesso il bisogno di analizzare eccessivamente le tue azioni.

In genere, riesci a raggiungere un buon equilibrio tra cautela e fiducia. Sai comunicare le tue esigenze e i tuoi desideri con sicurezza e ti aspetti che gli altri sappiano fare altrettanto.

*L'eccesso di analisi nelle relazioni – verde*

Quando devi prendere delle decisioni che riguardano le tue relazioni, tendi ad affidarti all'istinto, abbinato all'analisi assennata. Sei in grado di trovare il giusto equilibrio tra il "cuore" e la "testa". Probabilmente c'è spazio per entrambi. Ricordati di considerare com'è il tuo/la tua partner: probabilmente più testa che cuore.

Se sei verde in questo settore significa che hai una sana capacità di incamerare informazioni, elaborarle, prendere una decisione e andare avanti, perché la tua impalcatura interna te lo permette. Non hai passato tutta la vita a farti crescere le antenne per valutare lo stato d'animo della persona che hai davanti in modo da prevenire reazioni inaspettate.

APPROFONDISCI

- Anche se con tutta probabilità sei abbastanza cauto/a e attento/a nell'utilizzo delle app di incontri, puoi provare a essere più riflessivo/a nel tuo approccio alle relazioni invece di affidarti esclusivamente all'istinto?
- In generale, sai essere equilibrato/a e risoluto/a nelle decisioni che prendi con il tuo partner?
- Sei sufficientemente paziente con gli amici che hanno bisogno di guardare le cose da tutti i punti di vista?

CONSIGLI

- Non fa mai male rallentare se non si è sicuri, anche se è più probabile che tu sia prudente piuttosto che spericolato/a.
- In un'amicizia consolidata, andare incontro ai desideri dell'altro dovrebbe essere fatto per generosità piuttosto che in base a valutazioni di convenienza. Sii generoso/a, dunque, e aspettati che gli altri lo siano con te.
- I tuoi amici o il tuo/la tua partner troppo analitici difficilmente cambieranno più di tanto. Se sono persone con cui pensi di andare avanti, trova un modo per tollerare questa loro caratteristica.

*L'eccesso di analisi in famiglia – verde*

Non hai particolari problemi a gestire la tua vita familiare. Ma fai attenzione a non affrettare troppo le cose. Non devi lasciarti sfuggire i segnali che ti mandano gli altri, soprattutto i membri più giovani della tua famiglia.

APPROFONDISCI

- Sei in grado di prendere decisioni con un po' di attenzione ma senza analizzarle troppo?
- La vita in famiglia per te è un gioco dell'oca o una partita a scacchi?
- Sei sufficientemente paziente con gli altri membri della tua famiglia che impiegano più tempo di te a prendere una decisione?

CONSIGLI

- Cerca di essere paziente con i membri troppo analitici della tua famiglia.
- Discuti apertamente le decisioni dei tuoi figli, invece di contraddirle subito.
- Ricordati di coinvolgere nelle decisioni della famiglia gli altri soggetti interessati. Apprezza il fatto che possano avere bisogno di più tempo per rispondere.

*L'eccesso di analisi sul posto di lavoro – verde*

Hai una sana capacità di recepire le informazioni, di elaborarle, di prendere una decisione e di passare ad altro in tempi ragionevoli. La tua risolutezza può essere un bene prezioso in certi lavori, ma non aver paura di prenderti tutto il tempo che ti serve per decidere in modo ponderato quando la posta in gioco è più alta.

APPROFONDISCI

- Tendi a seguire il tuo istinto? Di solito funziona?
- Presti la dovuta attenzione quando un lavoro comporta un'analisi dettagliata dei dati?
- Rifletti a fondo quando devi prendere decisioni che riguardano il denaro o la salute degli altri?

CONSIGLI

- Riconosci la tua capacità di decidere in modo rapido e sicuro. Incoraggia gli altri, se necessario, a prendere il toro per le corna.
- La tua capacità di valutare le situazioni è ben equilibrata, ma non dimenticare che potresti avere biso-

gno di aiuto quando un lavoro comporta un'analisi dettagliata dei dati.
- Potresti avere bisogno di concentrarti maggiormente per i compiti più sfaccettati che coinvolgono dettagli e dati.

### Se il codice del tuo eccesso di analisi è blu

Tendi a concentrarti troppo sui dettagli. Puoi essere troppo vigile e ansioso/a di esaminare ogni opzione. Potresti non trovare difficili le grandi decisioni relazionali, ma ti prendi il tuo tempo per rifletterci sopra e raramente ti affidi all'istinto. Troverai sempre difficile reagire di pancia.

È normale che non si abbia una visione chiara di questa caratteristica e potresti sentire che questo risultato blu non ti rappresenta. Se è così, prenditi un momento per immaginare una situazione in cui ti vengono offerte svariate opzioni tutte in una volta. Quando fai la spesa, quanto tempo ci metti a scegliere un cereale o a decidere quanto latte comprare?

Le persone con questo cervello spesso oscillano tra «Prendi questa decisione per me» e «Come osi anche solo pensare di darmi un consiglio!». Fai caso a quante volte al giorno ti senti come se non avessi alcun potere decisionale, anche se in realtà sei tu che stai lasciando a qualcun altro la scelta, perché glielo hai chiesto tu o perché non sei riuscito/a a dire di no. Cerca di scegliere quando ti viene offerta la possibilità di farlo, per quanto a disagio tu possa sentirti: non metterti da solo/a nella condizione di non avere voce in capitolo. Il desiderio di riflettere troppo sulle cose può portarti a lasciare la decisione finale a un'altra persona, ma fai attenzione a non risentirti se poi non vieni coinvolto/a nel processo decisionale. Può darsi che sia stato/a tu stesso/a a escluderti.

*L'eccesso di analisi nelle relazioni – blu*

Tendi ad analizzare ogni cosa in modo eccessivo e probabilmente apprezzi questa caratteristica anche negli altri. Magari ti senti a disagio se il tuo/la tua partner o i tuoi amici cercano di metterti fretta nelle decisioni.

La risposta: «Prendo quello che prendi tu» può sembrare molto generosa, un modo accomodante di gestire la vita, ma in realtà, sotto sotto, potrebbe essere dettata dalla paura. Se vuoi il tè ma temi che l'altra persona, segretamente, vorrebbe che tu prendessi il caffè, preferisci non scegliere perché temi che la tua decisione "sbagliata" faccia arrabbiare l'altro e lo allontani da te.

APPROFONDISCI

- Tentenni?
- Hai mai perso una potenziale anima gemella a causa della tua incapacità di impegnarti?
- A volte ti accorgi che i tuoi amici si spazientiscono perché ci impieghi tanto a prendere una decisione?

CONSIGLI

- Potrebbe essere il momento di capire se tentenni perché hai paura di sbagliare.
- Renditi conto che le persone che ti offrono delle possibilità di scelta vogliono una risposta sincera. La tua mente potrebbe trovare difficile accettarlo, ma in generale è così.

- Non trattare le tue relazioni e le tue amicizie come se fossero una partita a scacchi. Ogni tanto cerca di affidarti all'istinto e di entrare in contatto con il tuo mondo interiore emotivo, invece di analizzare sempre tutto con la testa.

*L'eccesso di analisi in famiglia – blu*

A volte i tuoi familiari potrebbero sentirsi frustrati dal tempo che impieghi a prendere una decisione, perché prima consideri tutte le possibili conseguenze della tua scelta, poi passi al "fate voi". Spesso la loro scelta non ti rende felice, il che non rende felici loro. Il tuo codice blu in questo settore ha origine nel fatto che da bambino/a le tue decisioni erano sempre messe in discussione o contraddette. Ricordati che la storia tende a ripetersi.

Questo ti ha reso molto cauto/a e la cautela può essere importante per la sicurezza dei tuoi figli. Ma potresti aver bisogno di bilanciarla con una certa dose di spensieratezza e di spontaneità.

I bambini non possono essere costantemente accuditi. Devono essere presi in considerazione, devono essere compresi e hanno bisogno di un genitore che sia presente. Essere sempre distratto/a o, viceversa, troppo attento/a a ciò che pensano e fanno i tuoi figli può essere ugualmente snervante per loro.

APPROFONDISCI

- Sei visto/a come il genitore che pensa sempre alla salute e alla sicurezza? I tuoi figli si rivolgono all'altro genitore per avere una risposta rapida?

- Durante le discussioni in famiglia, gli altri alzano gli occhi al cielo quando sei a metà del discorso?
- Gli adolescenti e le loro decisioni ti innervosiscono?

CONSIGLI

- Fai attenzione a non analizzare eccessivamente le reazioni e le risposte della tua famiglia. Cerca di non scoraggiarli con lunghe analisi della situazione.
- Tieni a mente che le tue paure potrebbero smorzare la spontaneità. Lascia che a volte gli altri prendano decisioni meno prudenti delle tue.
- Anche se è bene preoccuparsi, prova ad accettare il fatto che i giovani spesso arrivano alle stesse conclusioni percorrendo strade diverse.

*L'eccesso di analisi sul posto di lavoro – blu*

Il codice blu in questo settore è insieme un vantaggio e uno svantaggio. Anche se analizzare le cose a fondo può favorire una buona leadership e portare a giudizi assennati, l'eccesso di analisi può rivelarsi paralizzante. Anche se la prudenza può essere messa a frutto o addirittura risultare fondamentale, l'eccesso di analisi può rallentare le decisioni, irritare i colleghi e impedirti di vedere il quadro generale.

La cosa positiva dell'eccesso di analisi – e, come si è già detto, molti amministratori delegati e accademici ce l'hanno – è che la mente può essere portata a considerare tutte le varie configurazioni che il mondo potrebbe prendere se le cose venissero spostate. Le persone che ricoprono ruoli dirigenziali possiedono spesso una buona dose di eccesso di analisi perché, per prendere una decisione, devono essere in grado di considerare molteplici fattori diversi in base alle circostanze. Quindi il lato positivo del blu in questo settore è la capacità di prendere decisioni che richiedono un processo analitico. Il lato negativo si manifesta quando si cerca di elaborare talmente tanti dati contemporaneamente che prendere una decisione diventa impossibile.

**Case study: Affittare un appartamento**

Due amici decidono di prendere in affitto un appartamento insieme. Vanno a vederne alcuni e poi si siedono a cena per discuterne. Uno di loro fa subito sapere all'altro qual è il suo preferito, se lo sente, di pancia. L'altro redige una tabella con tutti i pro e i contro, così da poterli analizzare a fondo. Diverse ore dopo, il primo è stanco e decide di riprendere la discussione il giorno seguente. E quello seguente ancora. Quando qualche giorno dopo arrivano finalmente a una decisione e telefonano all'agenzia immobiliare, scoprono che l'appartamento non è più disponibile: «È stato preso al volo. Era di gran lunga il più gettonato».

APPROFONDISCI

- Prima di prendere una decisione, analizzi eccessivamente le possibili conseguenze della tua scelta?
- Ti sembra che gli altri desiderino procedere più spediti nelle conversazioni e nelle decisioni?
- Perdi l'interesse dei potenziali clienti?

CONSIGLI

- Non sei disposto a giungere a una conclusione fino a quando ogni eventualità non è stata esplorata. Sii consapevole del fatto che questo potrebbe rallentare i tuoi progressi.
- Il tuo cervello eccessivamente analitico può essere molto utile, fai solo attenzione che non ti paralizzi.
- Potresti eccellere in ruoli che richiedono di elaborare una strategia complessa o una linea programmatica, ma non sarebbe male se riuscissi anche a fidarti del tuo istinto di tanto in tanto.

# 19. Spirito imprenditoriale

*Immagina di portare il cane in campagna e al rientro ti accorgi che ha il pelo ricoperto di lappole. Cosa fai? Alzi gli occhi al cielo, prendi la spazzola e lo ripulisci?*

*Ora immagina di guidare verso casa nella nebbia, scrutando preoccupato oltre il parabrezza. Sobbalzi stupito per un attimo vedendo gli occhi di un gatto seduto su una staccionata sul ciglio della strada. Comunque, alla fine riesci a tornare a casa sano e salvo. Cosa fai, tiri un sospiro di sollievo e ti prepari qualcosa di caldo da bere?*

La maggior parte di noi farebbe proprio così. Tuttavia, altri hanno risposto a queste situazioni analizzando le circostanze, intuendo il potenziale in esse presente e sviluppando prodotti commercializzati a livello globale. Le due situazioni raccontate sopra hanno ispirato l'invenzione del velcro e degli occhi di gatto catarifrangenti.

Benvenuti nel mondo del diverso, del pensatore non convenzionale: l'imprenditore.

## Da dove viene lo spirito imprenditoriale

Sin dall'infanzia, abbiamo dentro di noi una percezione sempre crescente di dove ci troviamo in relazione a tutti gli altri. Questa percezione, che può essere chiamata la nostra "famiglia inconscia" (vedi p. 30), non riflette necessariamente le cose come erano, ma piuttosto come noi, da bambini, le abbiamo percepite. A mano a mano che maturiamo, portiamo questa "famiglia inconscia" nelle nostre nuove relazioni e negli ambienti in cui entriamo, nelle amicizie, oltre il cancello della scuola, sul posto di lavoro. È parte integrante del modo in cui ci sembra che ogni cosa nel mondo abbia un suo ordine.

Le famiglie sono caratterizzate da ogni sorta di dinamica e ogni bambino ha una sua percezione diversa di ciò che accade al loro interno, senza che nessuno faccia niente di sbagliato; è la natura dell'interazione umana all'interno dei gruppi. Alcuni potranno sentirsi costantemente piccoli e affrontare tale sensazione facendosi grandi dentro di sé. Questo può causare problemi una volta che si ha a che fare con i propri coetanei, al di fuori della famiglia. Se la nostra mente ci induce a percepire il mondo come se tutti quanti fossero impegnati a sminuirci, e se ci fa inoltre sentire impotenti di fronte a questa situazione, possiamo finire a vivere perennemente in preda alla vergogna. Un ottimo modo per evitarlo è manipolare il nostro ambiente e la condizione migliore per farlo è lavorare in autonomia.

Lo sviluppo dello spirito imprenditoriale ha a che vedere con la percezione delle nostre dimensioni. Tutti noi siamo passibili di essere umiliati, e tutti noi abbiamo la capacità di superare le umiliazioni. E abbiamo tutti, ciascuno in misura diversa, la tendenza a ripetere il ciclo dell'umiliazione, umiliando gli altri a nostra volta. Lo spirito imprenditoriale è molto sensibile alla denigrazione, e fa sviluppare dentro di noi la determinazione a evitare di ritrovarci ancora una volta in una posizione nella quale gli altri possano sminuirci. Questa caratteristica può essere osservata all'interno dell'ambiente familiare o nei bambini a scuola, e può nascere dalla sensazione di essere stati in qualche modo maltrattati o sminuiti. Spesso c'è una determinazione inconscia a essere diversi, per far sì che il ciclo dell'umiliazione non si ripeta. Così, un bambino che viene sminuito non cercherà di sminuire a sua volta chi è più piccolo di lui, ma piuttosto cercherà di ridurre le persone più grandi al suo livello, o a un livello inferiore.

Uno dei modi più efficaci per farlo è semplicemente dire: «No!». Si tratta di una tattica assai potente, spesso utilizzata con grande efficacia dall'adolescente che possiede uno spirito imprenditoriale. Lui o lei può ridurre un adulto molto potente al suo livello semplicemente dicendo: «No, non salgo in macchina» e rimanendo fermo/a sulle sue posizioni. Gli adulti possono negoziare, umiliare o blandire l'adolescente, ma con un semplice e categorico "no" si riescono ad aggirare i modi consueti di imporre l'autorità.

Per chi è dotato di spirito imprenditoriale è molto difficile accettare che qualcun altro abbia qualcosa che lui o lei non ha, motivo per cui individui di questo genere non amano avere capi. Spesso sono persone all'apparenza molto poco invidiose, ma hanno una riserva di invidia segreta che è molto più difficile da gestire di quella cosciente: magari sentono di dover fare bella figura e di essere responsabili per tutti i loro dipendenti e per la loro famiglia. Se l'imprenditore è il capo di se stesso, può riuscirci. Ma se si trova all'interno di una gerarchia di ruoli, dove esiste la possibilità che possa essere umiliato o sminuito, l'invidia verso il "boss" può tornare a farsi sentire.

Le persone con un forte spirito imprenditoriale spesso si compiacciono di questa loro caratteristica, ma in genere hanno difficoltà a riconoscere i propri problemi di autostima o il proprio timore di essere umiliate di fronte agli altri. La loro mente subconscia ha costruito un guscio protettivo interiore nel quale esse amano pienamente ciò che sono. Ma quando succede qualcosa che le fa sentire non all'altezza, per esempio una situazione di lavoro difficile, il loro guscio protettivo va in pezzi e la loro mancanza di autostima viene a galla. A questo punto, può affiorare la tendenza a sminuire gli altri. Essendosi sentite umiliate in passato e avendo fatto di tutto per assicurarsi che una situazione simile non si ripetesse mai più, è facile che sentano di aver perso il controllo. Senza il loro guscio protettivo, diventano vulnerabili alle critiche e cominciano a sentirsi nuovamente piccole.

PUNTI DA CONSIDERARE

- Ricordi di essere stato sminuito spesso da bambino? Ritieni che questo possa averti reso ciò che sei?
- Sii sensibile alle situazioni in cui i bambini o i giovani colleghi possono sentirsi sminuiti. Monitora il livello di "presa in giro" tra i più anziani e i più giovani all'interno della famiglia e in ufficio.
- Ricordati di elogiare gli altri quando se lo meritano. Il più spesso possibile.

## Lo spirito imprenditoriale nella vita quotidiana

Mentre chi risulta verde in questo settore tende a trovare la propria nicchia di lavoro all'interno di un'organizzazione o di una gerarchia, un blu è di solito attratto dal lavoro autonomo o da freelance, come per esempio tassista, parrucchiere, commerciante e così via. Ci sono parecchi cervelli blu tra le persone che gestiscono piccole imprese e fondano società tecnologiche, e-commerce, challenger bank, imprese di pulizie, agenzie di servizi...

È interessante notare che molti insegnanti possiedono uno spiccato spirito imprenditoriale e scelgono il proprio lavoro perché sono attratti dall'autonomia di cui godono in ambito scolastico. Anche se qualcun altro occupa la posizione di preside, l'insegnante è tradizionalmente lasciato a capo della propria classe e non deve rendere conto più di tanto di ciò che fa. Un fenomeno simile si può osservare anche nella professione medica, dove il lavoro è meno strutturato gerarchicamente che in altri settori.

In un ambiente di lavoro gerarchico, tuttavia, chi ha un cervello imprenditoriale blu può avere difficoltà a raggiungere i propri obiettivi. Può trovare difficile lavorare per un'altra persona a cui non riesce a dire di no e può facilmente assumere il ruolo della vittima e sentirsi umiliato dal proprio capo che ha sempre l'ultima parola. Oppure, in alternativa, può lavorare molto bene per qualcuno che percepisce come il proprio protettore capace di dire di no al posto suo, un capo che non fa favoritismi e che non lo sminuisce sul posto di lavoro. In genere, questo accade quando l'impresa è nelle prime fasi di crescita o è rimasta piccola.

Nel primo caso, in cui l'imprenditore non riesce a trovare un contesto lavorativo adeguato, di solito si sposta in un'altra azienda e può facilmente ricadere nello stesso schema di prima, assumendo il ruolo di vittima con i nuovi capi. Essendo sensibile a qualsiasi possibile umiliazione, può reagire male ai giochi di potere del superiore, ai quali i suoi colleghi potrebbero essere del tutto indifferenti. Per l'ennesima volta, al capo è stato dato il ruolo del tiranno. In quello che è veramente un grande spreco di spirito e di capacità imprenditoriale, questa persona può sentirsi abbattuta e sottovalutata. Alcuni possono finire per prendersi un periodo di malattia, presentare un reclamo o intentare una causa contro l'azienda. Tuttavia, chi possiede un vero spirito imprenditoriale andrà avanti, creerà qualcos'altro, costruirà qualcosa di nuovo.

Le coppie in cui entrambi hanno un blu nel settore dello spirito imprenditoriale possono lavorare molto bene insieme gestendo la tipica piccola impresa familiare. Sviluppano e vivono i loro ruoli separati in modo indipendente: per esempio, uno/a assume il ruolo di volto dell'azienda e l'altro/a rimane dietro le quinte a fare il lavoro "duro". Questo assetto può funzionare molto bene per diversi anni, ma spesso il momento critico arriva quando la coppia espande il proprio modello di business e l'invidia inconscia si fa sentire. Così, per esempio, in una piccola impresa di artigianato la persona di facciata con le sue eccellenti capacità relazionali agisce come il volto dello studio, negoziando con i clienti, organizzando appuntamenti, occupandosi dei pagamenti. L'artigiano vero e proprio possiede le competenze manuali necessarie per svolgere il lavoro. All'inizio va tutto a meraviglia, ma con l'espandersi dell'attività l'artigiano può diventare invidioso dell'attenzione che riceve il partner nel suo ruolo di persona di facciata. Oppure è quest'ultima che comincia a desiderare il tranquillo laboratorio dell'artigiano dove il telefono non squilla in continuazione. Così, molte piccole imprese a conduzione familiare lavorano straordinariamente bene finché continuano a fare ciò che sanno fare al meglio e resistono alla tentazione di espandersi troppo.

Chi ha un codice blu in questo settore non di rado sceglie di fare il genitore a tempo pieno. Anche questa è una forma di imprenditorialità, perché il genitore che rimane a casa con i figli può gestire in autonomia il proprio tempo e il proprio modo di operare, ed essere inventivo e creativo quanto vuole. Tuttavia, è un fenomeno largamente attestato quello per cui, quando i figli hanno lasciato la casa, il genitore con spirito imprenditoriale blu metterà in piedi una piccola impresa e sarà capace di generare idee e ispirare chi lo circonda con il suo slancio e la sua tenacia.

Il codice blu in questo settore può essere associato a un'energia altamente creativa e al desiderio di trasformare e migliorare una situazione esistente. A volte può sfiorare il bisogno ossessivo di far accadere le cose e di farle accadere il più in fretta possibile. Questo può rendere l'imprenditore un leader poco affidabile, che avrà veramente successo solo se affiancato da persone che lo "capiscono" e che lo aiutano a tradurre le sue idee in obiettivi concreti.

Il terrore principale di chi è dotato di spirito imprenditoriale è quello di non avere in mano la situazione. Finché è in grado di controllare il proprio ambiente, non si sente umiliato e non si vergogna. Se per qualche motivo non ci riesce più, quel nucleo interiore che si era creato per proteggersi dalle umiliazioni comincia a creparsi, esponendolo così alla possibilità di sentirsi offeso e sminuito.

## Se il codice del tuo spirito imprenditoriale è verde

La tua autostima è solida. Non sei eccessivamente suscettibile alle critiche, né troppo lusingato dagli elogi. Non sei indebitamente turbato dal fatto che gli altri ti dicano cosa fare e puoi scegliere quando accettare consigli o seguire una linea dettata da altri. La tua autostima ti fa sentire abbastanza al sicuro da permetterti di mostrare al mondo esterno le tue ambizioni e le tue motivazioni, e migliorare così il tuo benessere generale.

*Lo spirito imprenditoriale nelle relazioni – verde*
Tendi a introdurre un elemento di stabilità nelle tue relazioni. Se hai un/una partner o un amico con un codice blu, devi sapere che vorranno evitare di sentirsi sminuiti e umiliati. La sfida sta nel far loro le tue critiche in modo costruttivo, piuttosto che evitarle. Se hai un/una partner o un amico con un codice verde, ci saranno meno occasioni di conflitto, ma potrai perderti qualche bella scintilla.

APPROFONDISCI

- Sei felice di accettare, o almeno di prendere in considerazione, le critiche?
- Riconosci di avere una sana autostima?
- Con quanta facilità pensi di poter valutare l'autostima delle persone che ti circondano?

CONSIGLI

- Fai attenzione a come critichi il tuo/la tua partner o gli amici. Le critiche possono essere facilmente interpretate come un modo per sminuirli.

- Non sentire di dover essere sempre quello/a "ragionevole" in famiglia o nella relazione.
- Non essere troppo cauto/a nello sperimentare diversi tipi di relazioni e amicizie.

*Lo spirito imprenditoriale in famiglia – verde*

Durante l'infanzia sei cresciuto in un ambiente che ha rafforzato la tua autostima. Apprezzerai l'importanza di fare altrettanto per i giovani della famiglia e saprai creare un'atmosfera che li aiuti a dare il meglio di loro stessi. Allo stesso tempo, sarai in grado di accettare i consigli e il sostegno dei tuoi genitori, dei tuoi fratelli e sorelle, e apprezzerai il loro supporto.

APPROFONDISCI

- Sai risalire a un episodio particolare in cui da bambino/a ti hanno fatto sentire molto piccolo/a?
- Ci sono membri della famiglia che si sentono facilmente sminuiti? I più piccoli? I fratellastri?
- Nella tua famiglia, quanto è facile che le prese in giro amichevoli si trasformino in modi per sminuire gli altri?

CONSIGLI

- Fai attenzione alle avvisaglie di bullismo o prese in giro a scuola.
- Ricordati che il bullismo può essere più difficile da individuare quando i bambini crescono e che il cyber-bullismo ha una sua particolare violenza.
- I nonni spesso ricoprono i nipoti di lodi e non li criticano quasi mai. Lascia che i tuoi figli se lo godano.

*Lo spirito imprenditoriale sul posto di lavoro – verde*
Sei un giocatore di squadra efficace e affidabile, che dà buone prestazioni in ruoli chiaramente definiti. Rispondi bene ai feedback e sei felice di accettare consigli e aiuto. Ma la tua carriera potrebbe forse progredire ulteriormente se solo sfruttassi il tuo spirito imprenditoriale e se avessi maggiori opportunità di assumerti la responsabilità delle tue decisioni, di prendere l'iniziativa, di cambiare direzione.

APPROFONDISCI
- Non vedi l'ora che si tenga la riunione mattutina/settimanale del tuo team?
- Fai affidamento su un capo che ti supporta?
- Ti hanno mai consigliato di essere più propositivo nel tuo ruolo?

CONSIGLI
- Sforzati di decidere con la tua testa, o di prendere l'iniziativa, almeno una volta al giorno.
- La varietà di posti di lavoro e di esperienze arricchisce il tuo CV: costringiti a fare domanda per nuovi posti di lavoro o a proporti per una promozione, piuttosto che rilassarti felicemente nella tua zona di comfort.
- Cerca di essere onesto/a e rispettoso/a quando dai un feedback alle persone più giovani di te, sapendo che qualcuno di loro farà fatica ad accettare le tue critiche.

## Se il codice del tuo spirito imprenditoriale è blu

Sei un imprenditore nato, che dà il meglio di sé quando bisogna portare avanti le cose e fornire agli altri l'energia perché facciano lo stesso. Al mondo esterno appari come una persona grintosa, sicura di sé e dinamica, ma nel profondo potresti essere motivato/a da una subconscia mancanza di autostima. Ed è poco probabile che tu ne sia consapevole. Puoi benissimo vivere felicemente nel tuo spazio, con la ferma convinzione di stare molto bene dove ti trovi.

Sei generalmente sicuro/a di te stesso/a, affascinante e perspicace, e sai persuadere e convincere gli altri lungo la strada. Fai attenzione, tuttavia, che in circostanze difficili tu non possa sviluppare problemi di gelosia e di scarsa autostima che non ti saresti aspettato/a di avere.

*Lo spirito imprenditoriale nelle relazioni – blu*
In questo settore le persone blu spesso si attraggono. Nelle collaborazioni di lavoro, quando va bene, va benissimo, e tutti quanti vi vedranno come un team perfetto, in sintonia, affiatato e con competenze complementari. Ma quando va male, vi scontrate a ogni piè sospinto. Così, dopo una separazione, vi sentirete dire: «Oh, no! Ma eravate una coppia di lavoro fantastica, così affiatata, e insieme avete costruito una casa così bella». Queste coppie imprenditoriali spesso sembrano perfette, ma il disastro è sempre dietro l'angolo. Un motivo potrebbe essere che nessuno dei due è in grado di riconoscere le proprie gelosie o i propri problemi di autostima. È probabile, tuttavia, che li riconoscano nel partner. E a questo punto si comincia a

incolparsi a vicenda; ma, allo stesso tempo, riconoscere e comprendere queste caratteristiche nell'altro può indicare il percorso per trovare una via d'uscita dalle difficoltà.

APPROFONDISCI

- Ti senti regolarmente umiliato/a o offeso/a? Quanto spesso sono giustificati questi tuoi sentimenti?
- Ti ritrovi spesso a dire con rabbia: «Sembra che non ti fidi di me»?
- Ti piace essere responsabile degli altri? E non avere un gruppo di colleghi che potrebbe giudicarti?

CONSIGLI

- Quando ti senti offeso/a o sminuito/a, fermati a considerare per un istante se questo è dovuto a come sei stato/a trattato/a da qualcun altro o se è una sensazione che ha origine dentro di te.
- Impara ad accettare che a volte puoi sentirti piccolo/a, come capita a tutti, e che devi imparare a conviverci.
- Molti imprenditori che stanno leggendo questo manuale diranno: «Sciocchezze!». Quindi, se sei uno/a di questi/e, cerca di rimanere aperto/a alla possibilità che quanto stiamo dicendo si applichi anche a te, perché è proprio il fatto che tu non riesca a vederlo a non permetterti di venirne fuori. Non c'è da stupirsi che tu fatichi ad accettarlo: d'altronde hai passato la vita a fare di tutto per negare la possibilità di sentirti piccolo/a.

## Case study: Liberare le persone - Non tutti sono imprenditori

Gli imprenditori tendono a essere poco consapevoli del fatto che non tutti quelli che li circondano sono a loro volta imprenditori. In particolare, le aziende a conduzione familiare tendono ad avere al vertice una figura con un forte spirito imprenditoriale la quale presume che i suoi figli saranno altrettanto motivati e decisi ad avere successo nell'impresa di famiglia.

Prendiamo il caso reale di un'azienda di vendita al dettaglio, che è ancora di proprietà privata della famiglia che l'ha fondata. La matriarca dell'azienda non riusciva a capire perché i suoi piani di espansione, guidati dal figlio, non progredissero. Ogni altro aspetto dell'attività era fiorente e le condizioni di mercato erano giuste. La donna era stata una delle prime sostenitrici del Codice Cambridge, e lo aveva utilizzato in modo molto efficace per individuare i talenti emergenti nei ranghi inferiori della ditta. Ha deciso così di utilizzare nuovamente il Codice Cambridge per analizzare il team di senior management del nuovo settore del suo business. Il Codice Cambridge ha individuato un team brillante, capace e motivato, ma con una scarsa leadership. Suo figlio, benché si fosse laureato a pieni voti in una prestigiosa università di economia e commercio, non era un leader o un capitano d'industria. Il suo profilo del Codice Cambridge mostrava chiaramente che, sebbene fosse una persona molto dotata, non aveva spirito imprenditoriale: era estremamente cauto nelle sue scelte, si agitava quando doveva prendere delle decisioni importanti e nascondeva il suo autentico io. Era un uomo meraviglioso, ma con qualità diverse da quelle della madre imprenditrice.

Quando gli è stato presentato questo profilo, il figlio ha trovato la forza di prendere in mano il proprio futuro. Ha confessato a sua madre che in realtà non gli piacevano gli affari e che aveva accettato quel ruolo soltanto per un mal riposto senso di lealtà nei suoi confronti. In realtà voleva diventare un accademico. Fortunatamente, ora sta perseguendo un dottorato di ricerca che lo rende felice. È andata altrettanto bene alla madre, che per guidare l'espansione dell'azienda ha assunto una persona esterna alla famiglia, molto capace, mentre i rapporti tra lei e il figlio sono rimasti eccellenti.

*Lo spirito imprenditoriale in famiglia – blu*

Hai la fantasia e il potenziale per creare e gestire un ambiente domestico meraviglioso. Ma fai attenzione a non diventare sprezzante o geloso/a del ruolo diverso del tuo/della tua partner o di un altro membro della famiglia il cui punto di forza potrebbe essere in un altro settore (vedi il *Case study* sopra).

Un simile scenario può verificarsi quando il bambino

diventa adolescente e comincia a sviluppare una certa autorità. A quel punto l'adulto potrebbe iniziare a sminuirlo, anche se poi, in pubblico, dirà che suo figlio è il migliore di tutti, perché questo, di riflesso, gli farà fare bella figura. Uno scenario classico è quello in cui il padre sminuisce il figlio (o la madre la figlia): tutto ciò che fa è sempre leggermente sbagliato, mai del tutto giusto. In pubblico, però, il figlio o la figlia non possono essere semplicemente bravi di per sé, devono essere più bravi di chiunque altro, perché vengono visti come un'estensione del genitore. Una situazione molto difficile da gestire per un bambino, perché in privato viene umiliato e in pubblico viene esaltato a dismisura.

APPROFONDISCI

- Ti piacciono le sfide inerenti la creazione di un focolare domestico?
- Sei tu la persona che sprona e stimola la famiglia? Quando sei troppo stressato/a, ti irrita avere questo ruolo?
- Tendi a sminuire i tuoi figli adolescenti quando cominciano a sviluppare una certa autorità?

CONSIGLI

- Fai attenzione a rispettare i diversi ruoli che caratterizzano la gestione di una casa e l'essere parte di una famiglia.
- Cerca di non sminuire ripetutamente i tuoi figli.
- Ti sei mai fermato/a a riflettere su cosa succederà quando tuo figlio vorrà prendere il tuo posto? Cosa succederà quando avrà più informazioni,

conoscenze e capacità di te? Se da adolescente sei stato/a sminuito/a dai tuoi familiari, cerca di non ripetere lo stesso errore con i tuoi figli.

*Lo spirito imprenditoriale sul posto di lavoro – blu*
Sei autosufficiente e dai il meglio di te anche senza qualcuno che esamini quotidianamente il tuo lavoro. Al contrario, sei molto bravo/a ad analizzare le tue prestazioni e ti adoperi per migliorarle. Potresti trovare la tua nicchia nel lavoro autonomo o da freelance. Potrebbe invece risultarti più difficile lavorare in un'organizzazione, dove dovrai guardarti dai conflitti ricorrenti e sequenziali con il tuo diretto superiore. Vorresti un capo che ti desse mano libera e fosse pronto a difendere i tuoi interessi, se necessario.

Potresti trovarti in una posizione di leadership, in cui dovrai fare attenzione a moderare le tue aspettative nei confronti degli altri, soprattutto quando si tratta di innovazione e di risultati. La tua energia e la tua spinta a far sì che le cose accadano possono a volte creare dei malumori nell'organizzazione, in particolare se cambi spesso direzione. Chi è dotato di spirito imprenditoriale può scoprire che dopo un certo periodo di tempo le aziende hanno bisogno di maggiore stabilità e di un approccio più misurato. Quindi passa a una nuova sfida.

Di solito queste persone faticano a ricevere ed elaborare spunti forniti da altri: possono fare qualcosa solo quando credono che si tratti di un'idea loro. È con l'età che poi cominciano a rendersi conto di non essere stati capaci di sfruttare al meglio ciò che era stato loro offerto. Già a scuola, molti bambini sono sulla buona strada per essere esclusi proprio perché credono che una persona più grande, per esempio un insegnante, non abbia nulla di buono da offrire e si aspettano solo di venire umiliati. Questo non significa che saranno sempre incapaci di accogliere gli spunti altrui, ma solo che devono farlo con i loro tempi e a modo loro. Spesso si cerca di aggirare il problema dicendo: «Va be', basta convincerlo/a che sia un'idea sua», ma a lungo termine un simile stratagemma può avere conseguenze negative perché, così facendo, non si è onesti: li si asseconda rigirando le cose in modo da renderle accettabili.

APPROFONDISCI

- Sei costantemente in conflitto con il tuo capo? Ti senti messo/a in difficoltà e sminuito/a?
- Ti è difficile accettare le idee degli altri, e ti è più facile credere che ti stiano sminuendo invece di aiutarti?
- Sei attento al modo in cui critichi gli altri, in particolare i colleghi più giovani?

CONSIGLI

- Se lavori in proprio, assicurati di chiedere consigli agli altri e di accettarli, quantomeno nella misura in cui ti permettono di fare progressi.
- Se sei regolarmente in conflitto con il tuo capo, potresti dover lavorare sodo per imparare ad accettare e tollerare le critiche o le correzioni senza sentirti indebitamente umiliato/a.
- Cerca nuove sfide, imbocca nuove strade, e goditele.
- Quando rifiuti un aiuto, fermati a pensare: «Perché mi sto negando la cosa che potrebbe aiutarmi?».

Devi fare i conti con la tua mancanza di fiducia e accettare il fatto che nessuno è perfetto. E che anche l'aiuto che ricevi è imperfetto. Uno dei motivi per cui lo rifiuti è perché accettare un aiuto imperfetto è una cosa che ti umilia. Fino a quando non riuscirai a tollerare di sentirti a quel modo, ogni aiuto ti deluderà, perché sarà sempre imperfetto.

- Le persone dotate di spirito imprenditoriale possiedono una buona dose di autosufficienza che li mette nella condizione di badare a se stesse. In un team sano, tutti vogliono essere i migliori e tutti spronano gli altri a dare il meglio di sé, perché solo così si può crescere veramente. In questo modo i rivali non vengono annientati o neutralizzati, ma superati.

# 20. Rispetto degli spazi personali

*Pensa a cosa succede quando cammini sul marciapiede e incontri qualcuno che arriva nella direzione opposta. Cedi sempre il passo? Oppure tiri dritto e non lo cedi mai? Oppure a volte lo cedi, a seconda delle circostanze, per esempio del tempo, dell'ora del giorno o del tuo umore?*

*Cambia qualcosa se si tratta di un genitore con il passeggino o di una persona anziana con il deambulatore?*

Questo settore riguarda i nostri confini e il rispetto che abbiamo nei confronti delle altre persone con cui dobbiamo condividere questo mondo. Per alcuni di noi, i confini sono ben definiti e molto ragionevoli. Per altri, invece, sono più sfumati e mutevoli.

## Da dove viene il rispetto degli spazi personali

Questo settore ci riconduce all'idea che il nostro cervello inconscio è costruito come una casa in cui, metaforicamente parlando, viviamo. Questa casa è divisa in diverse zone "di accoglienza": c'è lo spazio fuori, la strada, dove si trovano tutti gli estranei; c'è lo spazio antistante la casa, il giardino, dove siamo felici di incontrare il postino; c'è l'ingresso, in cui siamo felici che entrino alcune persone (per esempio, per venire a prendere i loro figli); c'è il soggiorno, dove possiamo invitare gli ospiti a sedersi con noi; c'è la cucina, più intima, dove possiamo stare con la famiglia e gli amici più stretti. Poi, naturalmente, c'è la camera da letto, nella quale invitiamo solo le persone con cui siamo in intimità.

La nostra mente riflette il modo in cui concepiamo la nostra "casa" interiore. Si tratta di una casa i cui confini determinano chi può entrare e chi no. Certe persone hanno case mentali dai confini poco chiari, così che chiunque può entrare liberamente in ogni stanza, finché il proprietario non si spaventa, e a quel punto butta fuori tutti gli ospiti.

I limiti ci servono per capire se nel nostro inconscio siamo davvero consapevoli di essere persone a sé stanti, separate dalle altre, che nel momento in cui si incontrano hanno il diritto di impegnarsi o meno. Persone che possono chiedere delle cose e sentirsi dire di no. Alcuni individui non imparano mai a essere del tutto separati dalla madre; non sono mai pienamente in grado di capire che la loro madre, o qualsiasi altra persona, esiste a pieno titolo, con i propri confini. Quando vengono forzati o provocati, la loro identificazione con l'altra persona è tale da indurli a pensare che se le permettono di entrare nella loro camera da letto, allora anche loro possono entrare nella camera da letto dell'altro. Non sanno distinguere tra loro stessi e gli altri.

Come per molti altri settori, la struttura della mente nel settore del rispetto degli spazi personali si definisce nei primi anni di vita, durante i processi di svezzamento e di separazione dalla madre. Processi fluidi e graduali di separazione dalla madre gettano le basi per lo sviluppo di confini sani nelle relazioni, sul posto di lavoro e in famiglia. Tuttavia, i processi di svezzamento e di separazione possono essere più complessi in caso, per esempio, di malattia della madre, di ricovero in ospedale del bambino, di perdita dei genitori, della nascita di un fratellino e via dicendo. Di conseguenza, una percezione subconscia può radicarsi in profondità. La mente si sviluppa con la convinzione che, in una relazione, l'altra persona possa inglobarci e che saremo quindi costretti a esistere come un'entità unica, fusa, piuttosto che come due persone a sé stanti. Si tratta di un timore di fondo spiacevole che può manifestarsi come ansia e indecisione nelle relazioni, o anche renderci incapaci di giudicare obiettivamente gli altri. Nella sua forma più estrema, ci fa sviluppare la convinzione subconscia che dobbiamo eliminare l'altro, che questo sia l'unico modo per sopravvivere, perché solo uno dei due può esistere.

Quindi, tornando all'analogia iniziale del marciapiede, la persona blu in questo settore cederà sempre il passo a chi arriva, oppure non lo cederà mai. Se cede sempre, è perché sente di non avere il diritto di mettersi al primo posto: ha paura di essere vista ed è propensa alla timidezza. Se non cede mai il passo, anche davanti a una persona inferma, o a un genitore con il passeggino, è perché teme di essere umiliata e sminuita. Teme di perdere il rispetto degli altri.

Il cervello verde è invece in grado di prendere la decisione in base alle circostanze.

PUNTI DA CONSIDERARE

- Aiuta ed esorta i tuoi figli a capire che sono persone a sé stanti, anche in giovane età. Incoraggia e sostieni i loro primi tentativi di assumersi la responsabilità delle proprie azioni, anche se così facendo il tuo ruolo di genitore si riduce.
- Valorizza la coerenza e la cortesia nei rapporti con gli altri: fratelli e sorelle, compagni d'asilo, insegnanti, parenti.
- Quando gli adolescenti raggiungono l'età della sperimentazione sessuale, discuti con loro delle responsabilità sociali e legali e del rispetto dei confini.

## Riconoscere i confini nella vita quotidiana

Chi ha una codifica verde in questo settore ha raggiunto la piena consapevolezza di essere una persona a sé, separata dalle altre. Il suo solido senso di sé è accompagnato dal fatto di aver sviluppato dei confini che riflettono il suo pieno diritto e quello degli altri a esistere in quanto individui. Questo va di pari passo con l'aspettativa e la consapevolezza che anche gli altri stabiliranno i propri confini. Quindi, nell'analogia della casa di cui sopra, invece di uno scenario di invasori contro invasi, c'è l'aspettativa più equilibrata che una persona bussi alla porta e l'altra la inviti a entrare. O anche che non lo faccia: la possibilità che non ci sia permesso di entrare in casa di qualcun altro è intesa come un diritto inalienabile del padrone o della padrona di casa. Il rifiuto non è avvertito come una minaccia o uno sgarbo, e rimane aperta la possibilità di una negoziazione.

Occasionalmente, la persona verde in questo settore commetterà un errore e aprirà la porta alla persona sbagliata nel momento sbagliato. Oppure interpreterà male la situazione e attraverserà in modo inappropriato il confine con lo spazio dell'altro. Ma, in generale, sarà poi in grado di ristabilire e rinegoziare la suddivisione appropriata degli spazi.

D'altra parte, la persona con una codifica blu in questo settore non ha compiuto fino in fondo il percorso di separazione dall'altro. In generale è ancora piuttosto immatura. Tende a rimanere abbastanza a lungo nella parte bassa della scala di sviluppo, piuttosto che scivolare di tanto in tanto e poi risalire il più presto possibile. In qualsiasi momento, anche quando non viene provocata, può sentirsi non completamente adulta, piccola, o vergognarsi. Vorrà rimanere piccola e stare al sicuro, anche se questo la fa sentire umiliata. Oppure a volte il suo cervello potrà reagire dicendo: «Devo essere più grande, o più potente, o sarò distrutta» facendole così assumere un atteggiamento aggressivo in una relazione o in un incontro. I suoi confini sono incoerenti: può impegnarsi eccessivamente o assumere comportamenti troppo intimi, imitando atteggiamenti che a volte si vedono nei bambini più piccoli. Oppure tenderà a spersonalizzare l'altro, cercando di renderlo indegno.

Chi è blu in questo settore può non rendersi conto che sta invadendo lo spazio di un'altra persona o che la sta sminuendo. Nella sua forma estrema, una simile condizione può sfociare nel sadismo, nel quale la persona trae piacere dal potere di annullare l'altro e di infliggergli dolore. Paradossalmente, può anche sfociare nel masochismo, con la convinzione di fondo che se un individuo si impone in quanto persona a sé l'altro deve inevitabilmente essere umiliato. Un altro modo in cui può manifestarsi la codifica cerebrale blu estrema è attraverso l'agorafobia e la claustrofobia, sia interiormente che nel mondo esterno. L'assenza di confini diventa terrificante e si finisce per sviluppare una profonda paura di agire in modo distruttivo nei confronti del mondo, o che il mondo possa agire in modo distruttivo nei nostri confronti.

### Se il codice del tuo rispetto degli spazi personali è verde

Hai confini appropriati e coerenti rispetto agli altri, sia in ambito personale che professionale. Sei percepito/a come una persona integra, onesta e affidabile. Non "oltrepassi il limite", e le relazioni nella tua vita personale e sul posto di lavoro ne traggono beneficio.

*Il rispetto degli spazi personali nelle relazioni – verde*
Sei una persona diretta e rispettosa nei rapporti con i partner, gli amici e i coinquilini. Poiché in questo settore i codici simili tendono ad attrarsi, tenderai a gravitare verso amici o partner che condividono con te questa caratteristica. Insieme, in genere è possibile mantenere o rinegoziare i rapporti nonostante i cambiamenti dovuti alle circostanze.

APPROFONDISCI

- Trovi che sia accettabile entrare nella stanza del tuo coinquilino/della tua coinquilina quando è fuori?
- Leggi i messaggi o le e-mail del tuo/della tua partner? Lui/lei legge i tuoi?

- Prendi in prestito i vestiti di tuo fratello o di tua sorella senza chiedere il permesso?

CONSIGLI

- Fai in modo di stabilire regole e limiti chiari quando condividi l'appartamento con qualcuno.
- Prendi in considerazione l'idea di uscire con qualcuno/a un po' più "inquieto/a" di te: ti spingerà oltre i tuoi confini e ci sarà da divertirsi.
- Sii onesto/a ed esplicito/a non appena senti che i tuoi confini sono stati violati.

*Il rispetto degli spazi personali in famiglia – verde*

Le tue aspettative e i tuoi confini sono chiari, ma dovrai guidare e educare i tuoi figli a sviluppare i loro. Dovrai stabilire e chiarire i modelli di comportamento che ti aspetti da chi viene a casa tua.

APPROFONDISCI

- In casa ci sono spesso litigi tra fratelli e sorelle sull'"invasione" delle camere e sulle cose prese "in prestito"?
- Come reagisci quando tuo figlio adolescente porta a casa un/una partner? Stabilisci dei confini?
- Stabilisci dei confini per gli amici che vengono a trovarti?

CONSIGLI

- Dai ai tuoi figli adolescenti consigli inequivocabili sull'importanza dei confini nei contatti fisici e sui social media.

- Se non riesci a farlo, chiedi aiuto ad altri parenti o amici di famiglia.
- Se vuoi che i tuoi ospiti si attengano alle regole della casa, faresti bene a esporle chiaramente in anticipo.

*Il rispetto degli spazi personali sul posto di lavoro – verde*
I tuoi rapporti con colleghi e clienti sono strettamente professionali. Conquisti facilmente la fiducia degli altri e, a tua volta, non hai problemi ad affidare compiti di responsabilità ai colleghi. Sei ritenuto/a idoneo/a a ricoprire ruoli che richiedono un'evidente integrità.

APPROFONDISCI
- In che misura è accettabile "abbellire" un CV?
- Saresti disposto/a a coprire un collega che si è preso una sbronza? Quanto spesso?
- È accettabile prendere soldi in prestito dalla cassa con l'intenzione di passare dal bancomat all'ora di pranzo e restituire la somma sottratta?

CONSIGLI
- Potresti essere adatto/a a ruoli in cui è richiesto un alto livello di fiducia.
- Tieni presente che ci possono essere momenti in cui la solidarietà con i colleghi deve andare al di là delle regole.
- Non essere ingenuo/a nel presumere che gli altri siano per forza onesti quando tutto indica il contrario.

## Se il codice del tuo rispetto degli spazi personali è blu

È probabile che tu tenda a oltrepassare i confini con gli altri. A volte ti capita di camminare sul filo del rasoio nei rapporti professionali o di coppia? Potresti scoprire che nella mente di amici e colleghi le incoerenze nel tuo comportamento o la tua tendenza a oltrepassare i limiti sollevano dubbi sulla tua integrità, e questo potrebbe costarti la loro fiducia.

In genere sei aperto/a a nuove sfide e relazioni e hai un carattere audace. Anche se può essere interessante in alcune situazioni, è comunque necessario prendere coscienza del fatto che gli altri possano imporre dei confini e che sia importante rispettarli. È probabile che questo tuo atteggiamento sia profondamente radicato dentro di te e potresti aver bisogno di un aiuto esterno per svelare le origini inconsce della tua diffidenza e per imparare le strategie necessarie a comprendere e rispettare i confini.

*Il rispetto degli spazi personali nelle relazioni – blu*

Come per il codice verde, la persona con un blu in questo settore di solito attira partner con un codice simile. Quando c'è un allineamento perfetto, quando entrambi condividono la stessa idea su come andare avanti, può scaturirne un rapporto eccitante e appagante. Tuttavia, è facile che uno dei due si trovi soverchiato, sia mentalmente che fisicamente (magari nei rapporti sessuali). Questo può essere un momento difficile e determinante per capire dove si ha il diritto di porre i propri confini rispetto all'altro.

Purtroppo, può accadere spesso che uno dei due partner si paralizzi e che l'altro voglia agire rapidamente senza riflettere. Oppure può svilupparsi una situazione a yo-yo, in cui una persona si identifica eccessivamente con il proprio/la propria partner o con un amico e li coinvolge con forza, credendo che provino gli stessi sentimenti, salvo poi reagire con altrettanta forza e respingerli quando si sente minacciata.

APPROFONDISCI

- Rispetti i desideri dei tuoi coinquilini e dei tuoi amici in materia di privacy?
- Con il tuo/la tua partner, vi prendete il tempo per stabilire nuovi confini man mano che il rapporto si sviluppa?
- Pensi che il tuo/la tua partner e i tuoi amici si fidino di te? Dovrebbero? Lo ritieni importante?

CONSIGLI

- Presta sempre attenzione a come gli altri ti fanno intendere quali comportamenti sono accettabili nei loro confronti.
- Con amici e coinquilini, stilare un elenco di regole può essere d'aiuto.
- Se hai difficoltà a impegnarti nelle relazioni, può valere la pena di analizzarne le cause con un terapista o un life coach. Prenderti il tempo necessario per capire la causa della tua diffidenza inconscia può portare, in ultima analisi, a relazioni più appaganti.

*Il rispetto degli spazi personali in famiglia – blu*
Potresti avere una scarsa consapevolezza del fatto che i tuoi confini non sono ben delineati, e dovrai quindi fare uno sforzo per riuscire a fornire ai tuoi figli un sistema di confini sicuro. Le dinamiche e le interazioni familiari possono metterti in difficoltà, soprattutto quando la famiglia si allarga per incorporare i partner e le partner dei tuoi figli, i suoceri e così via.

APPROFONDISCI

- Adotti sempre un approccio "laissez-faire" nei confronti dei tuoi figli adolescenti che sperimentano il sesso o le droghe, o che praticano hobby pericolosi?
- Come ti senti a gestire le finanze di famiglia?
- I tuoi parenti sanno distinguere ciò che è privato da ciò che può essere condiviso?

CONSIGLI

- Accetta il fatto che hai un ruolo nell'educazione sessuale dei tuoi figli adolescenti e che spetta a te indicare loro dove stanno i confini. Se non ti senti in grado di farlo, chiedi aiuto a qualcun altro.
- Le transazioni con la famiglia sono importanti: procedi con cautela.
- Fermati a pensare prima di aprire la porta della camera da letto dei tuoi figli o degli ospiti (o, se è per questo, le ante della credenza: vedi il *Case study* seguente per comprendere meglio il concetto di invadenza).

**Case study: Approfondimento sull'invadenza**

Isabella aveva deciso di prendere in affitto un appartamento insieme a una sua nuova amica. All'inizio della convivenza è però rimasta sorpresa quando un giorno, rientrando a casa, ha trovato il bucato che aveva lasciato nell'asciugatrice ben piegato nella sua camera da letto. Quella che la coinquilina intendeva come una gentilezza è stata vissuta da Isabella come un'invasione della sua privacy.

*Il rispetto degli spazi personali sul posto di lavoro – blu*
La tua tendenza a sfruttare al massimo ogni situazione potrebbe portare i tuoi colleghi a diffidare di te. Come contropartita, tu potresti diffidare profondamente di loro. Nei rapporti con gli altri puoi scegliere di camminare sul filo del rasoio senza stabilire dei confini ben definiti allo scopo di raggiungere il successo, ma sii consapevole del fatto che questo comportamento può essere fonte di grande stress.

APPROFONDISCI

- Qualcuno/a ti ha mai accusato di molestarlo/a quando tu pensavi che fosse solo un gioco? Durante la festa di Natale aziendale, per esempio?
- Puoi definire "avventurose" le tue operazioni finanziarie? Lo consideri un vantaggio nel tuo lavoro? Come lo considererebbero gli altri?

- Affideresti mai i tuoi risparmi a un collega? Lui/Lei si fiderebbe di te?

CONSIGLI

- Fai caso a come ti rapporti fisicamente con i colleghi. Invadi il loro spazio fisico? Se sì, riesci a renderti conto che questo può intimorirli o umiliarli?
- Prova a capire che quello che per una persona è fare il "maneggione" può essere interpretato da un'altra come pura e semplice disonestà.
- Renditi conto di quanta poca delusione basti provare per giudicare duramente il comportamento di una persona.

# *Terza parte* | Il Codice Cambridge nelle aziende

Come detto, il Codice Cambridge è stato inizialmente concepito per essere utilizzato dalle aziende come strumento per lo screening del personale e delle dinamiche all'interno di un team di lavoro. Questo capitolo esamina un po' più a fondo l'uso del Codice nelle aziende e l'estensione del suo impiego in altri ambiti.

# 21. Perché si usano i test psicometrici?

Ci sono molti modi per valutare l'idoneità di un candidato / una candidata o di un/una dipendente per un determinato lavoro. Il CV, per esempio, fornisce prove tangibili e quantificabili degli studi e delle esperienze lavorative pregresse e ci rassicura che qualcuno può "portare a casa" il lavoro. I modelli di comportamento possono essere valutati durante il colloquio: il candidato / la candidata è amichevole o freddo/a? Coinvolto/a o distaccato/a? Le referenze possono contribuire ulteriormente ad arricchire il quadro complessivo che ci si sta costruendo. Ma ci sono caratteristiche meno tangibili che possono aiutare a comprendere la maggiore o minore idoneità di una persona a svolgere un determinato lavoro, e i test psicometrici aggiungono un ulteriore strumento al nostro arsenale.

Ideati letteralmente per "misurare la mente", i test psicometrici di solito assumono la forma di un questionario a scelta multipla da effettuare entro un tempo limitato e introducono un elemento più oggettivo nella valutazione di un candidato/una candidata. A differenza di quanto può accadere in un colloquio faccia a faccia, o a un datore di lavoro che debba affrontare una pila di CV, il questionario psicometrico non può "avere avuto una brutta mattinata ed essere scontroso". Oltre a rimuovere il potenziale di pregiudizio dell'osservatore, i test psicometrici sono anche progettati per sondare alcuni lati più nascosti di un candidato / una candidata, come le sue capacità cognitive, i suoi atteggiamenti e i tratti della sua personalità.

Quasi tutti i test psicometrici attualmente in uso da chi si occupa di selezione del personale si basano sulla psicologia del Modello a cinque fattori (Five Factors Model, o FFM) dei tratti comportamentali, che affonda le sue radici nel lavoro del grande psicologo Sigmund Freud. Questi cinque fattori fondamentali sono: l'apertura mentale, la coscienziosità, l'estroversione, la gradevolezza e il nevroticismo. Ognuno di questi cinque fattori possiede una serie di sottocategorie che esistono su scala binaria e possono fornire maggiori dati per l'analisi. Per esempio, l'apertura mentale si colloca su una scala che va da "inventivo/curioso" a "coerente/guardingo" e comprende l'emozione, la curiosità e la propensione all'avventura. Una griglia complessa di livelli e intersezioni differenti può quindi essere costruita come una collezione di dati, e può essere misurata e analizzata statisticamente per fornire la prova della validità e dell'affidabilità di un candidato/una candidata. Uno degli esempi più utilizzati è l'Indicatore di personalità di Myers-Briggs (Myers-Briggs Type Index, o MBTI), che assegna al candidato/alla candidata uno dei sedici possibili tipi di personalità.

# 22. Perché il Codice Cambridge è diverso

Altri test psicometrici esaminano i modelli di comportamento esibiti, concentrandosi sul comportamento visibile o su quello dichiarato, e sono costruiti sulle basi della psicologia comportamentale. Misurano il "come" di un comportamento, ma non il "perché". Il questionario del Codice Cambridge, con la sua combinazione unica di autodichiarazioni e autoesplorazione, scava più a fondo degli altri, fino ad arrivare agli elementi subconsci che sono alla base dei nostri comportamenti. Valuta il "perché" piuttosto che il "come" dei fattori comportamentali, e fa uso di valutazioni psicoterapeutiche (come le cadute e le risalite lungo la scala dello sviluppo di cui abbiamo parlato nell'introduzione e l'esplorazione del subconscio) piuttosto che di valutazioni psicologiche.

Pensa a tutto ciò che vedi quando guardi un albero per la prima volta: il colore delle foglie, la dimensione e la forma dei rami, la circonferenza o la curvatura del tronco. In sostanza, vedi il modo in cui l'albero si presenta al mondo. Il che, in un certo senso, equivale ai comportamenti e alle azioni di una persona che possono essere osservati dagli altri. Ed è proprio l'attenzione ai comportamenti osservabili ciò su cui si basa la maggior parte delle altre psicometrie.

Adesso prova a considerare le ragioni per le quali

l'albero appare così com'è. Perché è più alto degli altri? Perché le sue foglie sono di un determinato colore? Perché è in grado di resistere a una tempesta? La risposta è spesso determinata da elementi che non sono visibili all'esterno: le radici, le sostanze nutritive nel terreno, la natura e la profondità del terreno. Lo stesso si può dire del nostro subconscio: sono le cose profonde che non possono essere viste, e di cui spesso nemmeno noi stessi siamo consapevoli, a dare forma ai nostri pensieri e alle nostre azioni. E a influenzare il modo in cui ci comportiamo sul posto di lavoro.

### Statistica

Poiché il Codice Cambridge valuta il "perché" e non il "come", utilizza un tipo di analisi statistica diversa rispetto a quella adottata da altri test psicometrici. Si possono impiegare vari tipi di analisi statistiche a seconda di ciò che si sta misurando, ed è possibile descrivere due tipologie principali di dati.

Per comprendere meglio la distinzione tra i tipi di dati, si consideri il seguente scenario: in un'aula di tribunale si sta valutando se un detenuto possa essere scarcerato in anticipo. Per facilitare la decisione, saranno utilizzate statistiche ricavate da tutti i tipi di dati pubblici (codice postale, genere, istruzione, salute, patrimonio genetico, etnia). Poiché si utilizzano statistiche parametriche basate sulla raccolta di milioni di dati, si ipotizza una distribuzione normale. Su questa base, si può dedurre che sia improbabile che questo detenuto commetta altri reati e decidere quindi di scarcerarlo. In una situazione del genere, le misurazioni comportamentali e le altre misurazioni esterne utilizzate per analizzare il detenuto riguardano il "come" del suo comportamento. Tuttavia, poiché la situazione comprende l'esperienza umana e le emozioni, la storia, gli eventi, le interpretazioni e i fattori psicoterapeutici profondi, il rischio reale è più difficile da quantificare. Una misurazione del "perché" il detenuto potrebbe o non potrebbe commettere altri reati sarà quindi maggiormente appropriata e produrrà un quadro più valido della complessità dell'intera persona. Questo è il punto di forza del Codice Cambridge.

## Perché non puoi imbrogliare il Codice Cambridge?

Il Modello a cinque fattori utilizza l'analisi parametrica dei dati e presuppone una distribuzione normale. Per creare tale distribuzione deve esserci un collegamento diretto tra le domande ("item") e i risultati, che sono aggregati in base alle risposte ai singoli item. Il Codice Cambridge non presuppone una distribuzione normale e dipende da una costruzione dei test non parametrica. È stato progettato con cura per far sì che le risposte ai singoli item non debbano essere allineate a determinati risultati, vale a dire che nessuna domanda singola genera uno specifico risultato. Dietro le quinte, i risultati vengono combinati a partire da molti elementi diversi di un'ampia gamma di item, ed è quindi pressoché impossibile imbrogliare e cercare di ottenere un risultato specifico.

## 23. Come si usa il Codice Cambridge sul posto di lavoro?

Negli ultimi anni il team del Codice Cambridge ha notato un incremento nelle richieste di informazioni relative all'equilibrio tra lavoro e vita privata dei dipendenti, rispetto alle questioni più apertamente legate al profitto dell'azienda, come la struttura di un team o la candidatura ideale. Di conseguenza, oltre alla versione originale per le aziende, viene ora sempre più utilizzata la nuova versione migliorata del Codice presentata in questo libro.

La questione del benessere non è tuttavia limitata alle società commerciali. Il Codice Cambridge è stato introdotto, per esempio, nei college e nelle università, in relazione ai crescenti problemi di salute mentale e all'aumento dei tassi di suicidio tra gli studenti, per i quali gli oneri derivanti dai debiti di studio e dalle aspettative dei futuri datori di lavoro si fanno sempre più gravosi. Come abbiamo spiegato nei capitoli dedicati ai settori del cervello, riconosciamo l'importanza di dare ai giovani la libertà di sviluppare la loro autonomia e la loro capacità di recupero. Ma, nel mondo occidentale, l'adolescenza emotiva avviene in un momento successivo rispetto a quella fisica, spesso durante il periodo dell'università, quando i giovani sono lontani dalla relativa rete di sicurezza dell'ambiente domestico. Qualsiasi transizione aumenta la vulnerabilità delle persone con problemi di salute psichica, e il passaggio dalla scuola superiore all'università, con il conseguente allontanamento da casa, può essere una delle transizioni più traumatiche che ci siano. Le istituzioni, così come i genitori, devono sostenere chi è vulnerabile senza criticare o giudicare.

Abbiamo incluso alcuni casi tratti dai nostri archivi per illustrare come il Codice Cambridge possa influenzare il benessere sul posto di lavoro.

**Case study 1: Il passaggio dal settore privato a quello pubblico**

Un dipartimento della pubblica amministrazione stava cercando di assumere un tecnico specializzato dal settore privato. Tuttavia, negli ultimi due anni, il turnover delle posizioni a quel livello di impiego si era dimostrato più alto del previsto. Ai colloqui sembravano essere in grado di individuare i talenti giusti e riuscivano a convincerli a passare dal settore privato ai dipartimenti governativi, ma non riuscivano a tenerli in carica per più di un anno. Al termine della collaborazione, queste persone dicevano di aver trovato troppo difficile il passaggio al settore pubblico. Benché fossero stati avvertiti delle differenze di stile e di cultura (compreso, tra l'altro, il fatto che ci sarebbe voluto più tempo per far sì che le cose accadessero), avevano trovato difficile adattarsi e le loro frustrazioni li avevano portati a dimettersi dall'incarico.

In questo dipartimento non avevano né il tempo né il denaro per integrare uno psicologo nel processo di selezione del personale. Hanno quindi deciso di utilizzare il Codice Cambridge per individuare specificamente le persone con un cervello veramente adattabile e resiliente. Di conseguenza, è aumentata in modo significativo la stabilità delle posizioni. Hanno inoltre compreso di dover interagire più attivamente con i potenziali candidati ed essere più trasparenti nei loro processi di assunzione.

**Case study 2: Il team dirigenziale della banca**

Una challenger bank ha chiesto al team aziendale del Codice Cambridge di tracciare un profilo del suo team dirigenziale. I risultati del Codice hanno rilevato che quattro direttori del team mostravano profili molto marcati nel settore della competitività. Ne abbiamo discusso con l'amministratore delegato, perché pensavamo che avere quattro persone così competitive nello stesso gruppo di lavoro potesse creargli dei problemi di gestione, ma lui ha risposto che apprezzava il loro spirito competitivo e che, fintanto che non avessero gareggiato con lui, sarebbe andato tutto bene. Ha comunque ritenuto che le informazioni ricevute dal Codice sulle caratteristiche dei suoi direttori gli avrebbero permesso di gestirli con più efficacia nelle transazioni quotidiane. In particolare, lo mettevano in guardia rispetto alla loro riluttanza ad assumere personale al giusto livello e alla necessità di prepararli lui stesso a ingaggiare i candidati più promettenti.

Un anno dopo, l'amministratore delegato è tornato da noi: il suo team di dirigenti senior stava andando bene, ma aveva bisogno di un nuovo consulto. La banca stava acquisendo un piccolo concorrente sul mercato e uno dei suoi direttori più competitivi era stato proposto come *managing director*. L'amministratore delegato conosceva bene quanto valeva quella persona e ne aveva sostenuto la candidatura, ma la società che stavano acquisendo era preoccupata per la sua "grinta" e non era contenta all'idea di averlo come futuro capo. Su consiglio del team del Codice Cambridge, la persona in questione ha cominciato a lavorare con un coach per capire cosa si celasse dietro il suo spirito competitivo e per imparare a esercitare il controllo su quando e come sfruttarlo. Si è così reso conto che alcune persone avevano avuto difficoltà a relazionarsi con lui a causa del suo comportamento eccessivamente competitivo. Parlando di questa sua caratteristica con il *senior management* della nuova società, e moderando il proprio stile, ha fatto in modo che tutti si sentissero a proprio agio nell'accettare la nomina. Ora, con grande successo, è il *managing director* della nuova joint venture, che procede a gonfie vele.

## Case study 3: La prima linea dell'azienda è abbastanza resiliente da affrontare le sfide che la attendono?

Una grande catena di commercio al dettaglio del Regno Unito, con punti vendita su tutto il territorio nazionale, stava attraversando un'importante trasformazione, passando dal tradizionale shopping nei negozi a un servizio di vendita basato più sul sito web, con iniziative di *click-and-collect* e acquisizione digitale dei clienti. Il management era ansioso di trattenere molti dei suoi fedeli collaboratori e di migliorarne le competenze laddove necessario, ma temeva che la transizione per alcuni di essi potesse comportare uno stress eccessivo. Quali dipendenti avevano la capacità di adattarsi alle nuove circostanze senza mettere troppo a dura prova l'equilibrio tra lavoro e vita privata o benessere emotivo?

Il Codice Cambridge è stato utilizzato come strumento diagnostico all'inizio del percorso di trasformazione. I risultati hanno identificato sacche di resistenza al cambiamento in alcuni improbabili gruppi di persone. L'azienda è stata in grado di fornire ai propri dipendenti specifici workshop intesi ad aumentare la resilienza e ad aiutare le persone ad attingere alle proprie riserve di adattabilità ed empatia. Si è scoperto che per alcuni lavoratori meno resilienti l'equilibrio tra lavoro e vita privata era stato significativamente compromesso dalla richiesta di ore extra solo per "stare a galla", e che le assenze per malattia dovute a stress e ansia erano diventate un problema. Per questi lavoratori più vulnerabili sono state implementate ulteriori misure di sostegno (per esempio, zone raccolte dove trovare tranquillità, consulenza psicologica) per accompagnarli nel corso del cambiamento.

**Case study 4: Benessere degli studenti e del personale di un'università del Regno Unito**

Questo caso riguarda un'università che negli ultimi anni ha scalato le classifiche dei migliori atenei del Regno Unito, con un conseguente aumento della pressione sul personale accademico e professionale e sugli studenti stessi. I vertici dell'università hanno voluto assicurarsi di fare tutto il possibile per evitare che l'ateneo rientrasse nelle dolorose statistiche che registrano un calo di benessere del personale e degli studenti in ambito universitario.

In un progetto in due fasi, agli studenti dell'ultimo anno è stata offerta l'opportunità, senza alcun costo a loro carico, di rispondere al questionario del Codice Cambridge e di ricevere un rapporto personalizzato sul proprio benessere emotivo. Il nostro team ha poi organizzato alcuni workshop in loco invitando chiunque fosse in difficoltà a partecipare alle sessioni di gruppo in cui venivano trattati argomenti specifici. I più richiesti sono stati i workshop sulla resilienza e su come gestire l'ansia crescente in caso di crisi. Il feedback degli studenti ha evidenziato come, alla fine dei workshop, si sentissero rafforzati e quanto fosse stato importante poter condividere con gli altri le questioni riguardanti il loro benessere. Il questionario ha inoltre permesso alle persone con pregressi problemi di benessere di intrattenere conversazioni più mirate con i propri consulenti.

Eravamo anche consapevoli del fatto che gli insegnanti e i docenti avrebbero potuto trovarsi ad affrontare un carico di lavoro sempre più pesante, nonché a sopportare la pressione di dover produrre risultati e statistiche ancora più alti. Così anche il personale docente dell'università è stato invitato a sottoporsi al Codice Cambridge e a ricevere un rapporto sul proprio benessere emotivo. Sono stati organizzati seminari di approfondimento per consentire ai docenti di comprendere meglio i fattori di comportamento del subconscio, seguiti da workshop specifici, tra cui: *Riprendere l'iniziativa: bilanciare le vostre esigenze e quelle dei vostri studenti*, *Riconsiderare il vostro benessere: il pannello di controllo del vostro benessere e come imparare a mantenerlo costante*, *Come aumentare e sfruttare al massimo la vostra capacità di recupero*.

Il feedback ricevuto dall'università ha evidenziato un successo clamoroso, per entrambe le fasi del progetto.

# Conclusioni

Se sei arrivato fin qui, avrai probabilmente completato il questionario online, ricevuto i risultati, metabolizzato il resoconto e sarai tornato a rileggere i capitoli dei settori più rilevanti per il tuo profilo.

E adesso? Ci auguriamo che tu colga l'occasione per esaminare da vicino ciascuno dei dodici settori e come ognuno di essi, sia esso blu o verde, possa incidere sulla tua vita. Ci possono essere aree in cui ti senti in equilibrio, ma nelle quali i punti di forza o le difficoltà di un collega o di qualcuno vicino a te influiscono sul tuo comportamento.

Come abbiamo detto all'inizio, questo libro non intende offrire una soluzione rapida, ma serve per aiutarci a scegliere attivamente i percorsi della nostra vita invece di subirli. Il nostro subconscio è stato plasmato da eventi che risalgono a prima ancora che fossimo capaci di nutrirci da soli e non possiamo cambiarli. Non possiamo riscrivere la storia, ma possiamo cercare di comprenderla e di usare questa conoscenza per le nostre decisioni future e per avere un maggiore controllo sulle nostre azioni.

Una cosa fondamentale da includere nella nostra vita quotidiana è la comprensione di come, molte volte al giorno, scivoliamo lungo la scala dello sviluppo. Anche se non potremo controllare in che modo accade – sarà il nostro subconscio a determinarlo – dopo aver letto questo libro saremo in grado di individuare più chiaramente le occasioni in cui ci succede, di riconoscere i fattori scatenanti e di identificare i livelli della scala a cui precipitiamo. Ciò ci permetterà di sviluppare le strategie necessarie per evitare le cadute e per accelerare la risalita.

Saremo così capaci di sviluppare specifiche strategie di self-help: trovare le parole che ci permettano di risalire la scala dopo le nostre scivolate verso l'infanzia; uscire da un battibecco infantile con il nostro/la nostra partner, comprendendo il nostro senso di umiliazione e il nostro desiderio di possesso piuttosto che gettarceli addosso a vicenda; o disimpegnarci dalla rivalità conflittuale con un collega, riconoscendo che ci stiamo comportando come degli adolescenti. Oppure potremo essere in grado di identificare in termini più generali i momenti in cui il nostro percorso di guarigione da queste cadute è meno robusto del solito, quando la nostra impalcatura interna è traballante, e ammettere che avremo bisogno di ricorrere ad altri mezzi. Rendere visibile tutto ciò che sta sotto i nostri mari vorticanti e voler comprendere il DNA della nostra stessa mente possono essere modi estremamente gratificanti di pensare a chi siamo, da dove veniamo e dove stiamo andando.

Può capitare che il nostro libro sollevi problemi o preoccupazioni che non sempre si è in grado di affrontare da soli. Se è il tuo caso, ricordati che il Codice Cambridge non è un sostituto del supporto che si può ricevere di persona. Se sei in qualche modo preoccupato/a per il tuo benessere emotivo o mentale, chiedi aiuto a chi ti è vicino e anche a un professionista, come per esempio il tuo medico di famiglia, un consulente o uno psicoterapeuta.

# Feedback

I feedback sono sempre benvenuti, sentiti quindi libero di condividere le tue opinioni con noi su Facebook, LinkedIn o Instagram. Altri lettori ci hanno comunicato le loro "rivelazioni", i loro lampi di chiarezza o di comprensione; ne troverai alcuni qui di seguito. Speriamo però che a questo punto tu abbia già sperimentato i tuoi.

Feedback da parte degli utenti:

«È talmente preciso che il mio ragazzo pensava che avessi passato ore e ore dallo psicanalista.»

*Insegnante di yoga, venticinque anni*

«Pensavo che solo il mio partner fosse in grado di vedere certe cose dentro di me, e ci ha messo cinque anni, mentre il Codice Cambridge ci ha messo venti minuti.»

*Dipendente di un negozio, quarantadue anni*

«Il riflesso del mio io mi ha commosso quasi fino alle lacrime. Sapere che qualcun altro poteva vedere come sono davvero senza trovarci niente di "male" mi ha dato la possibilità di prendere decisioni più sane.»

*Amministratore, venticinque anni*

«Stavo per separarmi dal mio partner perché sentivo che mi nascondeva qualcosa ed ero preoccupata che non si fidasse più di me. Dopo che entrambi abbiamo fatto il test del Codice Cambridge ho visto che ha il settore del perfezionismo blu e che odia ammettere i suoi errori. Quindi non aveva una relazione con un'altra e non intendeva lasciarmi, semplicemente non riusciva a sopportare l'idea che lo criticassi, o anche solo pensassi che non è perfetto. Ora che ho conosciuto sua madre ho capito il perché.»

*Studentessa universitaria, ventitré anni*

«Sapevo di essere una persona dipendente. Ora ho trovato la forza necessaria per dirlo al mio capo. Gli ho anche detto che non mi sento in imbarazzo perché, da parte mia, ho aiutato il team a crescere in sua assenza, e quindi la mia dipendenza ha anche un lato positivo. Ha detto che non sempre si complimentava con me quando avevo fatto le cose per bene perché temeva che io pensassi che fosse accondiscendente. Adesso ci capiamo molto meglio.»

*Giovane impiegato, diciannove anni*

«Sapevo che avrei ottenuto un codice blu nel settore dell'autenticità. Ho sempre pensato che tenere per sé la propria vita privata sul posto di lavoro fosse semplicemente indice di professionalità. Quando però la mia compagna ha avuto un aborto spontaneo ne ho sofferto molto, e così ho deciso di rompere gli schemi e di dirlo al mio capo. Lui mi è stato di grande supporto e credo che ora probabilmente ci rispettiamo più di prima.»

*Impiegato di banca, trentatré anni*

«Abbiamo confrontato il Codice Cambridge con un noto strumento psicometrico che richiede quattro ore per essere portato a termine e che ci è costato seimila dollari, e possiamo solo dire che l'esperienza con il Codice Cambridge è stata più piacevole. Non solo ha colto con precisione tutti i problemi che la sessione più lunga aveva messo in luce, ma ne ha persino evidenziati ulteriori.»

*Direttore di un'azienda leader a livello internazionale*

«Di tutti i test che ho utilizzato, il Codice Cambridge è il più accurato, anche più dei risultati ottenuti impiegando a tempo pieno uno psicologo.»

*Direttore delle risorse umane*

«Ha fatto veramente la differenza nel mio rapporto con alcuni membri del team in cui lavoro. Non mi ero mai reso conto che al suo interno ci fossero diverse persone "dipendenti". Ora mi prendo il tempo per essere incoraggiante e dare feedback più positivi; non mi costa nulla e il mio team è visibilmente più felice.»

*Proprietario di una piccola impresa*

«Abbiamo sottoposto la dirigenza al Codice Cambridge. Avevano tutti profili diversi e punti di forza interessanti. Ma avevano una cosa in comune: ogni singolo membro del team aveva un codice dell'empatia verde. Ho capito all'istante: il nostro è un ambiente fantastico in cui lavorare – sono tutti molto rispettosi dei difetti degli altri – ma il dipartimento nel suo complesso non ha abbastanza mordente.»

*Direttore di banca*

# Biografie

## Dottoressa Emma Loveridge, PhD (Cantab), MA (Psych), FRGS

*Biografia ufficiale*
La dottoressa Loveridge è fondatrice e direttrice della Rafan House, una clinica psicoterapeutica nel centro di Londra, dove lavora con un team di esperti clinici. Le sue aree specialistiche di lavoro clinico e di ricerca sono la famiglia interna inconscia e la sua manifestazione nelle famiglie e nel mondo aziendale. È membro del British Psychoanalytic Council (BPC). È inoltre fondatrice e direttrice dello Harley Street Executive, che lavora con i consigli di amministrazione e le organizzazioni che si occupano sia di coaching per lo sviluppo sia di assistenza clinica.

*Biografia non ufficiale*
Dopo aver conseguito un dottorato di ricerca in Teologia e Filosofia all'Università di Cambridge, la dottoressa Loveridge ha fondato la sua prima società: Wind Sand & Stars. A ispirarla è stato il deserto e l'effetto di trasformazione che ha su chi ci trascorre del tempo, nonché l'incontro tra Oriente e Occidente. Ha trascorso anni nel deserto con le tribù beduine, introducendovi il commercio nel rispetto della vita tribale. Da quando è tornata a vivere nel Regno Unito, ha lavorato per molti anni nel settore delle dinamiche familiari, della salute e del benessere, in particolare con le famiglie di profughi e con i bambini.

## Dottoressa Curly Moloney, MA (Oxon), Scienze fisiologiche, MB BChir (Cantab)

*Biografia ufficiale*
La dottoressa Moloney è dottore in medicina. Ha conseguito la laurea sia a Oxford sia a Cambridge, dove si è interessata all'attività cerebrale conscia e subconscia. Nel 1994 ha fondato la società di cacciatori di teste Moloney Search, che collabora con aziende, governi e *family offices* in Europa, Africa e Medio Oriente, e annovera tra i suoi clienti oltre un terzo delle società dell'FTSE 100. È consulente di fiducia dei consigli di amministrazione di svariate organizzazioni.

*Biografia non ufficiale*
All'età di 26 anni, la dottoressa Moloney ha abbandonato senza ripensamenti la carriera in medicina per avviare la sua attività di *executive search* di successo, bilanciando il ruolo nel mondo del business con l'interesse per svariate attività benefiche. Il suo punteggio personale per il settore del cervello "ribelle" (vedi p. 132) è uno dei più alti tra le molte migliaia di persone testate fino a oggi. Anche se non è una persona facilmente impressionabile, con crescente orrore si rende conto che i suoi figli hanno ereditato le sue stesse caratteristiche di ribellione.

Benché le dottoresse Loveridge e Moloney possano sembrare partner insoliti, la loro collaborazione risale a quando entrambe frequentavano l'Università di Cambridge. Per molti anni, e in molti luoghi diversi, si sono scervellate su quale fosse il modo migliore per permettere alle persone di comprendere il proprio subconscio. I contributi che hanno portato al progetto poggiano su basi diverse e complementari. Per la dottoressa

Loveridge, l'elemento trainante è stato il desiderio di ampliare la comprensione della salute mentale. Per la dottoressa Moloney, che nella sua attività ha acquisito familiarità con una vasta gamma di strumenti di valutazione psicometrica, l'obiettivo è stato l'elaborazione di un Myers-Briggs più rapido e perspicace.

Così, nel 2013, è nato il Codice Cambridge. Con il supporto di un team di psicologi di Cambridge, sono iniziati i lunghi processi di ricerca scientifica e di rigorosa sperimentazione. Da allora, molte migliaia di persone hanno utilizzato il Codice Cambridge e hanno beneficiato delle sue intuizioni.

Per la dottoressa Moloney è motivo di grande soddisfazione il fatto che il Codice Cambridge (TCC) sia stato adottato dalle aziende come ausilio per la comprensione del loro personale. Il suo team TCC assiste clienti in ambito governativo e diverse società dell'FTSE 250, lavorando per allineare i ruoli all'interno delle organizzazioni alle caratteristiche fondamentali dei dipendenti. È fonte di grande soddisfazione per la dottoressa Loveridge e il suo team l'aver creato uno strumento clinico per facilitare la comprensione e la valutazione della salute mentale e del benessere.

Per entrambe è fonte di ancora maggiore soddisfazione il fatto che siano riuscite a raggiungere il loro obiettivo e abbiano potuto fornire a te, lettore, una nuova strada verso la comprensione di te stesso. Entrambe sperano che l'utilizzo del Codice Cambridge ti dia la sensazione di essere "tornato/a a casa", aiutandoti ad accettarti per come sei veramente. E si augurano che questo risvegli in te il potenziale per operare dei cambiamenti.

Finito di stampare nel mese di aprile 2021
presso ELCOGRAF S.p.A., Stabilimento – Verona